赚钱时机

杨强 编著

群言出版社
QUNYAN PRESS
·北京·

图书在版编目（CIP）数据

赚钱时机 / 杨强编著 . -- 北京：群言出版社，
2025.3. -- ISBN 978-7-5193-1066-0

Ⅰ . F830.59

中国国家版本馆 CIP 数据核字第 2025U3D167 号

责任编辑：周连杰
封面设计：美丽子_miyaco

出版发行：群言出版社
地　　址：北京市东城区东厂胡同北巷 1 号（100006）
网　　址：www.qypublish.com（官网书城）
电子信箱：qunyancbs@126.com
联系电话：010-65267783　65263836
法律顾问：北京法政安邦律师事务所
经　　销：全国新华书店
印　　刷：三河市冠宏印刷装订有限公司
版　　次：2025 年 3 月第 1 版
印　　次：2025 年 3 月第 1 次印刷
开　　本：710mm×1000mm　1/16
印　　张：10
字　　数：130 千字
书　　号：ISBN 978-7-5193-1066-0
定　　价：59.80 元

【版权所有，侵权必究】

如有印装质量问题，请与本社发行部联系调换，电话：010-65263836

自 序
把握时机就是把握金钱的命脉

在这个瞬息万变的时代，机会犹如流星般转瞬即逝。每一次机会，都是一场财富的盛宴，但唯有那些善于把握时机的人，才能真正坐上这场盛宴的主桌。时机，正是金钱的命脉，掌握时机，便是掌握了财富的钥匙。

记得几年前，我的一位朋友当时还是一名普通的上班族，他每天朝九晚五，生活平淡无奇。某天，他在一个聚会上偶然听说了一种新兴的共享经济模式，立刻对此产生了兴趣。当时，这个概念还未在市场上普及，虽然不少人都认为未来是共享的时代，但仍有很多人对此持怀疑态度，认为这不过是昙花一现。然而，这位朋友敏锐地察觉到其中蕴含的巨大商机，他决定辞职创业，投入共享经济的行业中。

一开始，他的创业项目是"共享健身房"，因为这个领域比较窄，他很快就做到了上限，他的项目也被另一家更大规模的共享健身公司收购。带着这笔钱和创业经验，他毫不犹豫地投入"共享充电宝"项目。短短两年，他的公司迅速发展壮大，成为行业中的佼佼者，他也因此实现了财务自由。

看着这位朋友从一个普通的上班族逐渐蜕变为成功的创业者，我深深地感受到，他之所以能取得如此成就，不仅仅是因为勇气和智慧，更重要的是他抓住了那个合适的时机。

正是这个身边的小例子，让我意识到时机的力量。每一个成功的故事背后，都有一个关键的因素，那就是最合适的时机。于是，我决定写这本书——《赚钱时机》，希望通过这本书，帮助更多的人学会如何在纷繁复杂的市场中，找到属于自己的机会，抓住财富的命脉。

本书将从七个角度，全面解析如何把握赚钱的时机。

1．掌握市场趋势。只有了解市场的动态和变化，才能提前布局，抢占先机。

2．分析前沿创新行业，找到赚钱市场。深入挖掘新兴行业的潜力，提前介入下一个风口。

3．提升个人能力，抓住赚钱机会。机会只留给有准备的人，要不断提升自己的综合能力，以应对各种挑战和机遇。

4．把握职业发展时机，能让我们的赚钱能力倍增。在职业生涯中，找到最佳的转折点，实现自我突破。

5．合理规划财务。确保资金的高效运作，能为抓住机会提供坚实的基础。

6．创业也需要找准合适的时机。果断出击，才能创业成功。

7．识别商业机会和赚钱的风口。敏锐洞察市场需求，找到商业机会，实现财富增值。

希望这本书能成为把握时机、实现财富梦想的指南。愿你在阅读本书的过程中，找到属于自己的"黄金时刻"，抓住机会，成就辉煌的未来。记住，把握时机，就是把握金钱的命脉，祝你好运！

目 录
CONTENTS

第一章　顺应时势，掌握市场趋势

第一节　了解宏观经济，在危机中谋求机遇　　/ 001
第二节　借势而为，识别行业成长机会　　/ 006
第三节　利用技术变革为成功创造时机　　/ 009
第四节　识别政策变化，把握政策红利　　/ 014
第五节　利用社会趋势打开赚钱效应　　/ 019

第二章　立足前沿创新，锚定赚钱市场

第一节　利用 AI 变现，提高工作效率　　/ 023
第二节　"单身经济"热潮及其衍生市场　　/ 027
第三节　极具发展前景的宠物行业　　/ 031
第四节　"数字游民"：新经济下的自由职业　　/ 035
第五节　发掘养老行业的"蓝海"　　/ 039

第三章　提升个人能力，抓牢赚钱机会

第一节　不断学习新鲜事物，持续发掘赚钱商机　/ 044
第二节　放大自身长处，建立核心竞争力　/ 048
第三节　赚钱必备的六种抗压能力　/ 052
第四节　选对出售时间的方式，一份时间卖"N"次　/ 056
第五节　人际关系就是潜在的商业机会　/ 060

第四章　把握职业发展时机，实现收入高速上升

第一节　副业时机：工作多久适合开启副业　/ 064
第二节　跳槽时机：权衡变动的利与弊　/ 068
第三节　涨薪时机：如何与老板谈薪资　/ 072
第四节　转型时机：如何把握职业转型机遇　/ 075
第五节　退休时机：怎样提前赚够退休的钱　/ 079

第五章　财务管理创造稳定盈利

第一节　财务规划带来财富增长　/ 083
第二节　储蓄：把握存钱与投资的时机　/ 088
第三节　负债：适当负债，也能赚钱　/ 092
第四节　股票：长期持有还是及时止损　/ 096
第五节　基金：该出手时就出手　/ 101

第六章　找准创业时机，实现财富增长

第一节　如何评估创业环境的优劣　　/106
第二节　找到最佳的入市时机　　/110
第三节　懂得整合资源，才能"弯道超车"　　/114
第四节　通过风险管理保护创业成果　　/119
第五节　成功离场的基本策略　　/123

第七章　识别商业机会，把握赚钱风口

第一节　通过市场调研发现隐藏商机　　/128
第二节　竞争分析，发掘市场空白　　/133
第三节　赚钱效应需要用户需求驱动　　/138
第四节　通过商业模式创新取得竞争优势　　/142
第五节　跨界融合，孵化新的商业机会　　/146

第一章

顺应时势，掌握市场趋势

第一节　了解宏观经济，在危机中谋求机遇

　　了解宏观经济，就像在美术馆欣赏一幅巨型画作，不需要近距离地仔细观察画家每一笔的技巧，而是要站在画作前，从整体感受画中表达的思想、情绪等信息。宏观经济研究关注的是一个地区或是一个国家，甚至是世界范围内的经济总体表现和运行规律。宏观经济学家通过研究某个国家或地区的 GDP、通货膨胀率、失业率等经济学数据，来分析整个经济体系是如何运转的，并为政府和中央银行提供相应的指导措施，以稳定经济波动，促进经济增长。

　　简而言之，宏观经济学是一门从整体上观察经济运行的、研究整体经济运行规律的学科。可能有人会说："普通人有必要了解宏观经济吗？这是

国家政府、经济学家和银行家该操心的事吧。"

其实不然，我们都知道，20 世纪以来，全球发生过多次重大经济危机，经济形势不会总是平稳向上的。想要在一定程度上规避经济危机，从危机中谋求赚钱的机遇，学习宏观经济学是必不可少的。我们可以借助互联网来学习经济知识、了解宏观经济趋势，发现其中的商机。

1. 通过阅读书籍入门

我们可以先从一些通俗易懂的宏观经济学书籍入门，比如《经济学原理》《经济学的思维方式》等，了解宏观经济学的基本概念和原理。有了理论基础，就可以开始广泛地积累相关的知识了。我们可以重点关注经济类相关的新闻媒体和报纸，也可以了解当前国家的宏观经济形势、政策变化以及国际经济动态。

2. 学会查看经济数据

GDP 增长率、失业率、通货膨胀率等数据反映了一个国家或地区当下的整体经济状况。同时，紧跟经济专家学习专业知识，也能够更好地把握方向。我们可以从网络上关注经济学专家、学者的媒体账号，认真学习他们的观点、评论并分析其文章，更深入地学习经济现象产生的原因和由此带来的影响。

3. 参加与经济相关的学术交流活动

与其他人交流意见和看法，有助于塑造自己的经济思维，提高自己的分析能力，并在与各行各业的人士交流中获取对自己有价值的信息。

4. 放宽学习的视野，了解国际经济形势、国际经济事件

当下全球经济联系紧密，国外发生的经济事件也可能会对国内的经济产生一定程度的影响。

有人曾说，别浪费一场好危机，危机就代表机会，大危机背后则是大机会。历史表明，每次发生大规模的金融危机之后，都会有许多公司崛起，"催生"一大批新的富人。与金融危机相伴而生的，通常是潜在的财富增长机会。面对不确定性，真正的创新者能洞察先机、勇于行动，重新制定游戏规则。在商业世界中，混乱孕育机遇，成功的关键就在于有勇气把握并追逐这些机会。

> 共享经济概念的开创者，全球最大的民宿出租平台——爱彼迎（Airbnb）便是一家在危机中孕育而生的企业。2008年的全球经济危机使许多普通人纷纷失业。没有了工资收入，他们便承担不起高额的房贷，每个人都在拼命寻找额外的副业收入。同样，那些想出门游玩的旅客，面对高额的酒店费用，也产生了不小的压力。有几位年轻人洞察到了这一现象，他们搭建了一个简易的网络平台，让有房的人将房屋出租，让旅客住到当地人的家里，以此实现需求端和供给端的配对联接。
>
> 这个想法有些疯狂，谁会愿意让陌生人住进自己家？但年轻的创始人们坚信，在经济低迷时期，会有很多人需要额外的收入，也会有很多人需要价格合适的住宿，即使只是在客厅搭建一张简易床铺。
>
> 当然，面对监管问题、安全隐患、传统酒店的抵制等种种困难，他们并没有打退堂鼓，而是选择迎难而上，不断创新。爱彼迎通过引入实名制身份验证系统、房东保险、超赞房东计划等，逐步建立了信任机制。

| 赚钱时机 |

> 事实证明，他们的想法是正确的，爱彼迎自问世以来，便受到了很多年轻人的追捧，并在第一天营业就获得了收益。金融危机后的十年，爱彼迎从一个小众网站发展成为估值300多亿美元的行业巨头，它也彻底改变了人们的旅行住宿方式。

爱彼迎的成功向世人证明，经济动荡期也是抓住机遇的时期，是实现颠覆性创新的最佳时机。

当金融危机到来时，有些人会借机抄底资本、购买房地产或者收购公司股票，攒下超值的资产，等到经济复苏后迅速升值。而手中没有什么资本，也不敢进行高风险投资的人，该如何在危机中抓住机遇呢？可以从以下几点入手。

1. 寻找额外收入来源

从宏观经济学角度，观察、了解当前社会比较热门的行业，寻找额外收入来源。为了提振经济，官方组织往往会出台一系列政策鼓励人们兼职工作、开启副业等。我们可以着重关注所在城市的相关政策法规，以及一些大企业、经济巨头发布的经济扶持计划，抓住机会寻找适合自己的赚钱赛道。

2. 把握政策红利

为了促进经济复苏，银行会鼓励贷款、刺激消费和投资。这时，我们可以从宏观角度把握国家整体政策方向，了解国家的政策导向和支持重点，规划个人或企业的发展方向。如果国家鼓励特定行业的发展，我们可以考虑在这些领域寻找创业机会，以获得政策红利带来的好处。同时，多方了解贷款支持计划或补贴政策，还可以帮助企业渡过难关。

3. 重新评估现有的投资组合

面对危机,我们不要着急抛售股票、变现基金,因为一旦手持现金的人多了,市场上资金的流动性就会大幅降低,资产泡沫无法继续支撑经济,久而久之会达到一个临界点,资产价格就可能会出现崩盘。所以,我们要稳住心态,重新评估现有的投资组合,并适当增加投资的方式和不同的组合模式。俗话说得好,不要把所有的鸡蛋放进同一个篮子,有时多元化投资组合可以帮助我们降低风险。

如何增加投资的方式和改变组合模式,便是接下来要说的第四点。

4. 广泛关注、研究、学习不同行业的发展前景

无论是选择业绩表现出色的新投资板块,还是想抓住新行业、新赛道进行创业,只有对行业发展的前景有了深入了解,才能更好地进行决策,把握新的机遇。

首先是深入研究目标行业的基本情况,包括行业发展历史、行业规模、增长趋势、竞争格局、主要参与者等。这些信息,我们可以从行业前景报告中了解,如行业研究机构或投行发布的相关报告、大型投行如高盛、瑞银等发布的行业研究报告,或是一些学术论文。

其次是调查市场需求。我们要了解目标行业的市场需求,也就是调查市场对该行业产品或服务的需求程度,包括市场规模、增长速度、消费者偏好等。

最后是技术创新,技术创新是所有公司、行业保持发展活力的重要手段。我们可以通过关注行业内的技术更新和技术发展趋势,来判断行业的发展潜能,为自己寻找新的商机和财富增长点。

在经济不确定性较大的时期,密切关注国家宏观经济形势,紧握政策红利可以帮助我们更好地把握机遇,并灵活调整自己的发展策略,这是在危机中抓住机会的重要手段。

| 赚钱时机 |

第二节 借势而为,识别行业成长机会

互联网企业小米公司的总裁雷军说:"站在风口,猪也能飞起来。"在过去的十几年里,"互联网+"技术迎来爆炸式的增长,一夜之间,科幻小说里展现的物联网、无人汽车、人工智能等概念变成了现实。

像雷军一样站在时代风口上的人,他们拥有敏锐的感知力和洞察力,能够在"微风"中捕捉"大风"的气息,能够打破常规的思想观念,借势"飞上天空"。他们捕捉到了时代的机遇,识别出了行业成长的时机,借势而为,取得了巨大的成就。

"风口"成了如今这个时代的关键词,于是很多人把关注点放在了"风口"上,拼命寻找机会,想找到没人发掘的小众赛道,借此一举"飞上天"。但是他们却忘了,"飞上天"的关键,并不在于"风口"。所谓的风口,是需要在合适的时间、合适的地点,找到合适的行业,采取合适的行动,才能打造一番新天地。能不能找到风口,找到风口后如何借势起飞,关键在于"猪",也就是我们自己。这里的"猪"并非贬义,而是指我们在进入新领域、寻找新机会时,要学会放低姿态,虚心学习。无论是什么"风口",成功的关键都在于能把握时机,顺势而为。

> 小陈大学毕业后一直在上海打工,每天"996"式的生活压得他难以喘息。工作三年后,他辞去上海的工作,回到了老家。他发现老家的商业街刚刚建成,正在招商引资,于是他和两个留在当地发展的朋友合资,一起盘下一间小门店,开了一家西餐厅。因为有大城市生活的经验,小陈把门店装修得十分"洋气",开业后生意很好,成为当地年轻人争相"打卡"之地,并吸引了本地媒体的采访报道。因此,三个人赚了不少钱。
>
> 年轻人的心态容易膨胀,赚了钱后便想赶紧做大做强。他们

> 发现近几年老家小城市出现了越来越多的奶茶店及特色小吃店，餐饮业发展得如火如荼，便决定再开一家特色餐饮店。经过协商，他们选择了从来没有接触过的日料店。
>
> 可是日料店并没有像西餐厅一样成功，原因在于三个人并不了解日料，菜单定制得不够合理，与老家居民的饮食习惯相差太大，生冷的日料难以被接受。因此，在开业最初的新鲜感过后，便鲜有人光顾了。短短两年时间，三个人亏损了100多万，日料店只得以关店收场，西餐厅也因此受到连累，不得不选择转让。

像小陈一样的年轻创业者不在少数，虽然他们短暂地找到了行业成长的风口，并借势赚到了第一桶金，但因为过于自信，没有动态把握市场行情，更没有考虑自身的能力范围，就盲目跟风，最终导致投资失败。

借势而为，不是找到某个赚钱的"风口"就一头扎下去的一次性行为，而是要不断地调整策略，因势利导，适应市场需求。这就像放风筝一样，大风刮过来时，我们需要通过判断风向来决定放飞风筝的时机，风筝起飞后也需要不断调整风筝线的松紧，来确保风筝不会掉落。

如今，迅速成长的行业有很多，如教育培训、宠物经济、社区养老、自媒体等。但在如此"内卷"的当代社会，人人都想赚钱，每一个行业都有数不清的人在竞争，我们又该如何抓住机会，借势而为呢？

关键就在于"内外兼修"，将个人的"势"即专业技能、兴趣爱好、经历经验等，与外部的"势"即市场机遇、行业趋势、经济发展等相结合，稳固自身，不断学习和适应变化，将"迎风借力"变成"鹰击长空"。

> 从舞团退役的丽丽想开一家舞蹈学校，继续在自己热爱的事业中发光发热。
>
> 可如今市面上的舞蹈教学的种类很多，有拉丁舞、爵士舞、肚皮舞、钢管舞、民族舞、芭蕾舞、街舞、现代舞、街舞等。丽

丽原本的职业是拉丁舞演员,她便选择了拉丁舞方向的教学,其中拉丁舞又分为伦巴、恰恰、牛仔、桑巴和斗牛等。因为对桑巴舞情有独钟,她最终选择开一家专门的桑巴舞学校。

在选择产品类型之后,还要考虑受众群体。丽丽在市场调查后发现,儿童教育培训市场增长迅速且规模巨大,最终确定了以5岁至12岁儿童桑巴舞为创业方向,并起名为"快乐童趣桑巴舞教学中心"。这个名字既简单明了,又能直接表达教学内容和氛围,也能吸引家长和孩子们的目光。

刚开业时,虽然学员不多,但因为只专注于桑巴舞教学,丽丽的教学质量明显高于某些大规模、大课堂的舞蹈学校,逐渐在业内打开了口碑。这也让丽丽有更多的时间去钻研和精进舞蹈技巧,学习专业知识,深耕这个领域。几年后,丽丽成为儿童桑巴舞教学的专家,她不仅在教学质量上坚持严格标准,还通过丰富多彩的活动和课程,带领孩子们领略拉丁音乐和拉美文化的魅力。

从上面这个案例可以看出,即使是细分市场,也能拥有庞大的用户群,哪怕一开始只有一小批客户,但只要专精于此,为他们做好服务,事业也能够顺利起步。

借势而为,识别行业成长机会,要做好以下几点。

1. 切忌盲目追逐风口

紧随风口而动,见到哪个行业吃香就火速投入,是一种短视的追求。这会让人忽视建立核心竞争力的重要性,也会很快陷入同质化竞争的泥潭。

2. 深入研究目标行业

一定要在了解目标行业的发展趋势、市场规模、竞争格局等信息后,再决定是否要抓住这个"风口"。我们可以通过行业报告、新闻资讯等获取相关信息。

3. 外势与内势结合

选择自己熟悉的领域，可以降低试错成本，减少风险。因为在该领域的经验可以帮助我们避免一些常见的错误，更快速地应对行业变化。

4. 细分行业，垂直深耕

学会分析市场需求，很多行业即使过了迅猛发展期，也会有未被满足的细分领域，抓住它，就等于抓住了这个行业的痛点和需求。深耕细分领域，我们就更容易将内容做到极致，更容易实现专业化，并由此产生差异价值。

所以在"风口"的世界里，"风力"可以成为助力，但不是唯一的成功要素。个体的勤奋、品质、创新和适应力才是应长久秉持的翅膀。这意味着，只有在内在素质和外在机会兼具时，才能够借势起飞，与行业共同成长。

第三节　利用技术变革为成功创造时机

我们正处于各种科技快速发展和变革的时代，一些尖端技术正在推动着社会各个领域的进步和变革。目前的科技水平已经迅猛发展到了前所未有的新高度，一个全新的智能化时代即将到来。

一些领域的技术突破和革命式的创新，如人工智能、机器学习、物联网、

| 赚钱时机 |

区块链、生物技术等，已经改变了我们的生活和工作方式。不断更新的技术和前所未有的新概念正在重新定义产业、经济和社会结构，它们为经济、教育、医疗、能源、交通、通信等方面带来了深远的影响，也为人类未来提供了全新的可能性。

例如，人工智能的发展正在影响各个行业。从自动驾驶汽车到智能助理，从医疗诊断到自动化生产，从文化创作到基因编辑，无一不是在 AI 技术的辅助下开展的；物联网的普及正在将无机质物体连接到互联网，实现智能家居、智能城市等应用；区块链技术则为去中心化的数字交易和数据存储提供了新的方式。

面对日新月异的社会，不断涌现的新技术使许多人感到忧虑，担忧着自己的工作是否会被取代，担忧技术发展是否会加剧社会分化。然而，技术的变革发展不是要取代人类，而是要与人类共同进步。

技术的革新带来了更新和改变的机遇，让我们有了更多便捷、高效的工作方式。我们能够准确地接受并拥抱技术革新，努力学习适应新技术。我们在新技术的帮助下不仅能更好地完成工作，还可以开拓新的事业发展空间，寻找新的挣钱机会。在这个快速变化的时代，不断学习、努力适应科技进步，才是应对技术变革带来的挑战的有效方式。与其担心哪一天人类被人工智能统治，不如抓住眼前的机会，利用技术变革增加收入，为成功创造时机。

> 小亮在大学学的是冷门的文物修复专业，毕业后他试着在几个国家级的博物馆寻找工作机会，但因为竞争激烈，小亮最终在一个县级博物馆做起了藏品管理员。
>
> 看着每个月不算丰厚的收入，小亮决心寻找副业，为自己增加收入。可是他思来想去，自己这些年除了和不会说话的文物打交道之外，并没有什么其他的特长。通过一次偶然的文物行业交流会，小亮意识到随着数字时代的到来，传统的文物保护和展示

方式已经发生了变化，文物的数字化保存和利用变得愈发重要。于是，他决定探索如何利用现代科技手段来更好地宣传、保护和传承文物。

由此，小亮开始自学3D扫描和虚拟现实等数字化技术，先尝试着将自己所在博物馆中的文物进行数字化复制，然后通过建立文物数字档案库，对馆藏文物进行了智能化分类管理。馆长对小亮的工作十分支持。博物馆随后也利用微信平台，推出了微信小程序，让更多人可以通过互联网平台观赏和了解这些珍贵的文物。打破了时间和空间的束缚，文物的价值能够被更广泛地传播。

在之后的几年，小亮专心做起了文物数字化保护和利用工作，他利用区块链技术为好几家博物馆的文物建立起去中心化的数据记录系统，确保文物的信息不被窜改和损坏，增强了文物的可追溯性和保护性。同时，通过社交媒体平台的传播力和影响力，小亮开通了个人账号，专门进行文物解说和文物背后历史故事的讲解，吸引了一大批年轻粉丝的关注，为文化传承和保护做出了积极贡献。

技术变革不仅带来了新的职业，形成了新的行业，也为现有的传统行业带来了革新。当然，不论技术与哪种行业组合，都是机遇与危机并存，需要我们准确识别、抓住机会。

1. 新技术+新行业

这种机会最适合普通人，因为在全新的领域，所有人都是"菜鸟"，都站在同一起跑线，只要能抢占先机，并且努力学习、适应新的业态，就能在这个新的行业中占据一席之地。

比如时下热门的短视频行业。对于普通人来说，拍短视频是一个非常好的赚钱机会，这无须创作者拥有传统行业多年的经验积累，只要有独特的创意和实力，有才艺、有个性，或者擅长某个特定领域，都可以在短视频平台上找到自己的定位。无论是美妆教程、游戏解说、健身指导，还是生活分享，都有可能让我们在这个行业站稳脚跟。即使当下短视频创作者越来越多，竞争也越来越激烈，但我们仍可以使用前文提到的在"垂直细分领域深耕"，即只抓住某一个分类中的某一种内容，坚持高质量产出，依然能做出不俗的成绩。

然而，与机遇并存的还有技术尚未成熟的风险。在某些尖端科技发展领域，有些新技术还未完全落地，往往只是先有了概念，再去做产品。如果想依靠投资新科技，或者利用新技术进行创业来实现财富增长，则需要谨慎验证市场、客户需求，并等待技术落地之后再入场。

2. 新技术+旧行业

这是当下大部分普通人都能抓住的机会。因为传统旧行业的市场与规则是成熟的，很多身处其中的人，已经积累了一定的经验，并熟知业内情况。当新技术加入时，他们会更容易识别到可能的机会，以及未来是否有高"能见度"。因此，身在其中的人往往能更清楚地看到这是一个多大的机会。

比如新能源汽车代替汽油车。在新的技术刚刚出现时，很多行业大佬就嗅到了商机，识别出这是一个千亿级的大机会。目前市面上的电车新势力，每个创始人都是精英，他们一出手就是上百亿的融资，使得这一领域的竞争瞬间白热化。

那普通人有没有机会呢？当然也有。比如中国传统的小商品制造业，由于物联网新技术的诞生，跨境电商打掉了中间流通的环节，出口贸易市场迎来结构性的转变，让一大批工厂老板、出口贸易商实现了财富自由。

只要我们愿意接受新事物，学习最新的技术，无论本身从事什么工作，都能抓住机会，搭上技术变革的顺风车。我们可以从以下几方面获得启发。

（1）教育行业与互联网技术

有了网络这一工具，教师不再是只站在教室里讲课的角色。在互联网技术的帮助下，在线教育变得更加便捷和普及，网络课程创作的兴起为个人创作者提供了创作和销售课程的机会。

（2）设计师与虚拟现实技术

传统的平面设计师与游戏设计师都有很强的艺术功底和计算机技术。随着虚拟现实技术的发展，设计也从二维平面发展到三维空间，设计师可以将自己现有的技术与虚拟现实技术结合，创造沉浸式体验和交互式内容，应用于教育、娱乐等领域。

（3）健身教练与数字健康技术

当健身不再只是个"力气活"，而是借助智能健康检测设备和健康App，为个人制订全方位的健身计划和健身监督时，健身教练或医疗行业的人员也可以转变为数字健康教练，借助技术革新完成职业转型，提高收入。

（4）家电营销与物联网技术

有了发达的物联网技术，智能手机与家用电器、汽车、工业设备甚至城市基础设施等各种物品就能实现互联互通，形成一个庞大的网络，并实现远程监控、智能控制等功能。传统家用电器借用物联网技术实现了更新换代。销售人员可以借此转变为专业的智能家居顾问，帮助客户选择合适的智能家居产品，从而打造一整套互联互通、可智能化操作的家居系统，优化家居环境。

可见，无论是从事新的行业、新的领域，还是在原有职业范围的基础上进行拓展、转型，抑或是投资、创业、自主发展，只要我们愿意观察、愿意学习，想要创新、想要变化，总能抓住技术革新的时机，增加收入，获得成功。

第四节　识别政策变化，把握政策红利

成功需要"借势而为"。紧跟国家的政策指引，就是借助政策的"势"；跟随行业和社会的发展脚步，更容易实现个人的成功。所以，想要搭上政策红利的列车，我们就必须全面理解政策的逻辑和走向，明确政策标尺、洞悉市场趋势。

政策的发布，依靠的是政策文本这个载体，想要读懂政策，必须先读懂政策文本，然而这并不是一件容易的事情，困难之处主要有两点。

1. 政策发布的背景性强

政策背景包括相关的社会、政治、经济背景、法律法规、历史事件等，且新政策的发布并不是从零开始，而是基于以往政策的演进并结合当前的国情及社会需求而调整的。

2. 政策文本的专业性强

政策文本的内容表述具有很强的专业性，通常会使用大量专业术语。语言精练度高，简洁的语言背后蕴含的信息量较大，如果只是泛读，很难理解政策背后真正的含义。

想要识别政策变化，把握政策风向，就需要"走出文本看文本"。这就是管中窥豹，要从具体的政策文本内容中凝练出政策背后的逻辑和内涵，将书面的语句与宏观的背景综合分析，从多种角度解读政策。

也许，这对我们"普通玩家"而言有一定难度，但是也并非没有办法。

政府文件发布后，发布机关一般会通过召开新闻发布会、记者答疑、刊发解读文章等方式开展政策解读，网络上也会有很多机构、专家、行业"大牛"通过视频、文章来发表自己的解读观点。这些都是我们可以利用的

资源。

民间的解读会比官方发布更为生动、活泼,也更加易于理解,有时候官方途径不便于直接发声的政策"潜台词"也会被他们解读出来,这类解读往往会加入一些预测性的建议,是掌握政策风向,挖掘政策红利的有效途径。

> 小杨是一名景观设计师,今年以来所在的公司效益不好,他的工资受到了影响。为了增加收入,小杨在网上四处收集信息,打算寻找副业。他选择副业的要求是在自己专业能力范围内的,不需要占用太多业余时间且不需要大量本金投入的工作。
>
> 平时热爱关注时政新闻的他,首先想到了在环保行业寻找机会。因为我国在2020年提出了"碳中和"的目标,"碳达峰""碳中和"被写进了政府工作报告。小杨敏锐地察觉到了政策风向的变化,围绕"双碳"目标,将会产生一系列新技术、新产业、新业态。于是他开始深入研究相关政策,并与自己的专业背景结合,选择在林业碳汇这个行业寻找工作机会。
>
> 林业碳汇这个概念早在20世纪90年代就被联合国提出,近年来随着国家"双碳"政策的实行而蓬勃发展,一个新兴的职业产生了,它叫作碳汇计量评估师。它是在国家"双碳"目标背景下诞生的新兴绿色职业,被正式纳入国家的职业分类中,相关部门也在组织相对应的岗位培训。
>
> 小杨参加了培训,并通过考试获得了碳汇计量评估师证书。有了相关的知识储备及岗位证书,小杨开始帮助一些企业进行碳汇项目设计文件审定、核查,包括碳汇项目计量、监测等工作,赚取了不少收入。
>
> 在很多人还没有搞清楚什么是林业碳汇时,小杨及时地发现了政策变化趋势,抓住了行业发展信息,利用政策红利实现了收入增长。

| 赚钱时机 |

以"双碳"政策为例,我们可以从政策的措辞中感受调整的脉络和方向,"嗅"到政策变化带来的机会。同样,在其他与民生有关的各个领域,我们也可以通过解读政策来紧跟发展脚步,顺应政策导向和社会发展,找到个人的发展机会。

1. 关注政策发布渠道

我们需要时刻关注国家政策的发布渠道,包括政府官方网站、权威新闻媒体、政府公报和行业协会网站等。通过这些渠道,我们可以及时获取最新的政策信息,而且还能确保信息的准确性。

很多人不关注正规渠道的消息,只喜欢在互联网社交媒体平台上看"新闻",这些被非官方媒体解读过的信息往往存在被曲解的可能,传达出的信息也不够真实,还存在滞后性,可信度大打折扣。甚至有些时候,部分信息还存在欺瞒甚至诈骗的风险。所以,我们一定要关注权威媒体的政策解读栏目,或者订阅访问政府官方网站的新闻通知,从更正规的渠道确认信息真实性。

> 张妈妈平时喜欢看自媒体账号发布的视频,经常看到有人推销某理财产品,还宣传这是国家大力扶持的新型理财,能让老百姓得到高额收益。张妈妈对此深信不疑,不仅加入了该理财产品的客户群,还购买了大量理财产品。
>
> 刚开始,该理财产品还能按照承诺分红,但很快她就发现,在平台上存的钱无法取出。张妈妈和群里的其他受害者一同报警后,才知道这是早就被警方警告过的高风险"P2P"理财产品,更没有什么国家大力扶持的说法。

2. 深入解读政策内容，分析潜在影响

获取政策信息后，需要我们深入解读内容，了解政策的具体条款、实施细则和目标群体，重点关注政策的核心内容、实施时间和受益行业。我们需要细致地阅读政策文件的全文，特别是重点条款，如果有机会的话，还可以在各个渠道、平台咨询专业人士或专家，通过专业人士、机构的解读，获取权威认知。

> 小王是一名普通的上班族，平时对投资理财很感兴趣。某天，他在新闻中看到国家出台了新的新能源汽车补贴政策，明确表示未来几年将大力支持新能源汽车的发展。小王敏锐地意识到，这可能是一个赚钱的好机会。
>
> 他订阅了政府官方网站的通知，并关注了几家权威新闻媒体的政策解读栏目。他仔细阅读了政策文件，特别是关于补贴金额、受益企业和实施时间的条款。之后，小王还查阅了相关的市场数据和行业报告，分析了政策对新能源汽车市场的潜在影响。
>
> 经过研究，他决定将一部分资金投资到新能源汽车相关的股票和基金中，同时他也关注新能源汽车配件的企业用工机会，寻求跳槽的可能性。很快，小王就跳槽到一家相关企业，由于市场快速发展、政府大力支持，企业的扩张速度很快，而小王因为加入得早，成为企业的中坚力量，很快就升职成为中层管理，并获得了企业的股权分红。由于选择了正确的道路，小王抓住了自己职业发展和赚钱的机会。

在解读政策内容的基础上，我们需要进一步分析政策对市场的影响。考虑政策的实施将如何改变市场格局，哪些行业或领域将受益，哪些企业或产品将迎来发展机遇。这是最重要的一步，它决定了我们可以在哪些领

域、环节或者行动中获取赚钱的机会。我们还可以结合市场数据和行业报告，分析政策的潜在影响，同时也要持续关注政策发布后的市场反应，特别是股市和行业动态。当然，这些市场反应具有一定的滞后性和周期性，我们最好不要立刻下决定，可以观察几周或数月，待市场状态明朗之后再考虑行动。

3. 制定应对策略

根据政策对市场的影响，我们要制定相应的应对策略，考虑如何调整自己的投资或创业方向，抓住政策带来的机遇。制订明确的行动计划，包括目标、步骤和时间节点。如果进行了相关行业的财务投资，可以调整投资组合，增加受益行业的投资比例。如果准备创业，可以根据扶持方向规划创业项目，选择政策支持的领域。之后，就可以根据选择方向来制订详细的行动计划，明确每一步的具体措施。

比如，当某城市划定了一部分区域作为"高新技术开发区"时，往往会为当地准备扶持的产业提供一系列便利，比如相关产业在开发区注册公司、申请厂房、开展业务时，可以提供一系列税收优惠、租房补贴、招聘扶持，甚至得到政府牵头的业务介绍机会。所以，对想创业的人来说，了解各地的开发区政策，比较各个地方的扶持力度，能大大降低企业的运营成本、提升发展速度，这比短期的盈利还要重要。

4. 及时跟踪政策实施效果

政策的实施效果往往需要一段时间才能显现，所以需要我们持续跟踪政策的实施情况和市场反馈。根据实际情况，及时调整策略，确保抓住政策红利，就要求我们定期关注政策实施的进展报告和新闻动态，跟踪市场和行业的变化。如果有机会，我们可以多参加行业会议和论坛，获取最新的市场信息和专家观点。

通过这一系列步骤，我们可以更好地理解政策是如何为普通人打开赚钱窗口的，以及如何通过紧跟政策导向和行业趋势抓住这些机会，把握自己的未来。

第五节　利用社会趋势打开赚钱效应

每一次重大技术变革，都会催生一批新的商业模式和财富机会。比如当下，最火热的人工智能（AI）技术的快速革新，就迅速让许多行业发生了翻天覆地的变化。AI取代重复性劳动，提高生产力，降低成本，从而使企业有更高的利润空间，也让个人能够用更少的时间创造更大的价值。比如，同样都是做电商服务，人们现在可以利用AI工具来优化选品、生成商品详情页，还能让AI作为智能客服来取代人工客服，不仅轻松实现24小时在线，还降低了运营成本。

你会发现，能抓住社会趋势的人，打开了赚钱的大门，早早实现了财务自由，而有些人只知道"当一天和尚撞一天钟"，选择随波逐流的生活。

> 小尧是一名90后退伍军人。刚从部队回到家乡的小尧十分迷茫，他干过健身房教练、军事夏令营教官、销售等，但曾经作为军人的他，骨子里有一股不服输的冲劲儿，并不想按部就班地生活。一次偶然的机会，让他发现了创业的商机。
>
> 小尧的姑姑要搬新家，请了时下流行的"开荒保洁"，热情

的小尧也来帮忙。但是小尧对家政公司的工作成果并不满意，玻璃擦完了还有顽固的污渍，地板拖洗后也留下了明显的水渍，这和他之前在部队所接受的严格内务要求相差甚远。

也正是这次家政服务所暴露出来的问题，小尧找到了创业的思路：现在人们生活水平提高了，收拾屋子、搬家不再是依靠亲戚朋友之间互相帮忙的力气活儿，他们宁愿花一点儿钱，请专业的人干专业的事。可是这些专业的人，有的看起来并没有那么专业，自己何不寻找一批志同道合的退伍军人，以部队整理内务的标准，开一家家政公司呢。

小尧找到了自己昔日的战友，几个人进行了深度市场调研，发现家政是时下很热门的行业，家政服务的需求日益增加，各种日式搬家、收纳师、整理师的名号层出不穷，市场发展前景很不错。

他认为退伍军人在家政行业有天然的优势，十分适合。通过学习，几人最终将创业方向定位在家政服务中一个非常新颖但是较热的细分渠道——深度清洁，所有员工从退伍军人中择优聘用。

很快，他们在退伍军人就业群发布了招聘公告，寻找到了一批年轻肯干能吃苦的退伍军人，成立了老兵家政公司。几年过去，老兵家政公司已经从单纯的深度家庭保洁，开拓出了家居整理收纳、搬家等业务，团队也在不断扩大。渐渐地，小尧的事业做得风生水起，收入实现了大幅增长。

曾经的房地产和汽车市场已逐渐降温，互联网领域也趋于饱和，与之相关的低端市场内卷严重，高端市场的准入门槛越来越高，但这并不代表我们就找不到别的门路，分析当下的社会趋势，许多行业将迎来新的机遇。

1. 家政服务

现代社会生活节奏加快，很多家庭没有足够的时间和精力来做家务和照料家庭成员,因此家政服务的需求日益旺盛。除了传统的上门保洁,家政业务领域开始出现私厨上门服务、母婴营养规划、老年人看护、家居整理收纳等新型服务。这些服务形式的多元化,也促进了家政业务领域的拓展。

2. 身心灵服务

社会节奏加快,行业竞争激烈,身处其中的打工人身心承受着巨大的压力。越来越多的人开始关注自己的心理健康,心理问题不再是人人谈之色变的隐疾。随之兴起的是心理健康服务、冥想课程、心理咨询等身心灵相关的产业。互联网技术的发展,使得在线咨询成为心灵服务的重要渠道。通过线上线下的结合,身心灵行业可以轻松触达目标客户,创业者可以实现快速变现。

3. 宠物经济

当代年轻人的生活方式早已发生翻天覆地的改变,结婚生子不再是人生的主流任务,上班压力大,下班后就需要一只小宠物缓解不良情绪,宠物越来越成为年轻人业余生活的重要伴侣。宠物市场近年来开始蓬勃发展,追求个性的年轻人,不再满足于养猫、狗、仓鼠、乌龟、龙猫等,只要法律允许,养什么都是个人自由。宠物食品、用品销售,宠物医疗、美容,甚至是宠物殡葬都是可以赚钱的新兴领域。

4. 健康养老

随着全球人口老龄化现象加剧,越来越多的老年人需要专业的养老服务和医疗保健。随着医疗技术和服务的不断提高,消费升级和个性化需求的不断增加,出现了如智能医疗、远程医疗、健康监测等新兴技术,使健康养老行业向着更加科技化、精细化、个性化的方向发展，为行业带来了更多发展机会。同时，政府的政策支持和鼓励也为健康养老行业的发展提供了良好的环境和支持。

5. 餐饮小吃

近年来，餐饮行业呈现出一个明显的社会趋势：大型向小型转变。这种转变体现在投资规模变小、店面面积缩减、桌椅布局紧凑、菜饭种类精简以及员工数量减少方面。这是因为"90后""00后"已逐渐成为消费市场的主力，他们的消费观念更加偏向个性、特色、新奇，他们热衷独特的体验感和打卡文化。除了菜品口味，装修环境和特色服务也是吸引年轻人消费的流量密码。

因此，小型特色餐饮店遍地开花，火锅店要能做出独特的甜品，烧烤店要有独特的食材，店面要独具风格适合打卡拍照……与此同时，随着特色餐饮的兴盛，特色小餐饮培训行业也迎来了新一轮的繁荣。

许多普通人之所以能够迅速积累财富，并非因为他们具备商业大佬的实力，而是他们能够发现社会趋势，掌握了信息差的优势。在互联网时代，人们的生活方式瞬息万变，每天都有新的潮流和热点受到追捧，如果还追求一成不变、追求稳定，那么终将被时代抛弃。

我们不应看到别人成功以后才开始行动，而是要保持前瞻性，关注社会热点和发展趋势，提高层次认识，尽早布局，采取有效的策略或行动，为自己带来持续的盈利增长，实现商业成功。

第二章

立足前沿创新，锚定赚钱市场

第一节　利用AI变现，提高工作效率

AI 技术，即人工智能技术，是涉及模拟、延伸和扩展人类智能的一系列技术和方法的总称。随着 AI 技术的飞速发展，把它作为一种提高工作效率的工具已成为新的趋势。简单的重复性工作，可以直接用 AI 代替，而复杂的需要分析的工作，则可以利用智能算法和快速处理能力提高效率和准确性，这会大大节省人力和时间成本。机器学习和自然语言处理使得信息的处理和分析变得更加智能化和快速化，让人们能够更专注于创造性的工作和决策制定，从而提高整体工作效率和质量。

AI 技术已经在我们生活的方方面面得到了应用，从手机上的智能助手和人脸识别，到汽车行业的自动驾驶、智能制造等领域，人工智能技术在

| 赚钱时机 |

不断地改变我们的生活方式。我们已经进入了全面应用AI的时代，人工智能领域孕育着巨大的财富与商机，不论是对于编写AI的技术"大牛"，还是使用AI的普通人来说，现在都是赚钱的好时机。

> 小美是一个小有名气的美妆博主，日常除了录制美妆视频，还会接一些广告提高收入。每次接到商务合作后，小美都需要花费很多精力策划文案，撰写拍摄脚本并进行拍摄剪辑，每一支广告背后还会有场地费用、硬件费用等不小的拍摄成本。
>
> 有一次，她在对接一款口红广告时突然有了灵感，为何不尝试用AI技术为产品进行宣传呢？于是在和对方的公关人员协商之后，小美开始了大胆的创作。
>
> 首先，她根据这款口红的卖点想到了一句广告文案。其次，她利用"文心一言"这个大语言模型对这句文案进行扩充，整理出了两版海报策划案。再次，她利用AI绘图软件，将海报策划方案绘制出图。因为是AI生成的假人模特，既不存在侵权的问题，还省去了模特、拍摄和后期的时间成本及费用。经过和客户的几次沟通，AI完成了改图、修图等指令要求，且速度非常快。最后，她利用PS软件，将海报图和文字进行排版。
>
> 从一句广告文案，到最后生成广告海报，用时不到1小时，且几乎没有成本。交付成果后，客户非常满意，为她支付了1万元酬劳。

小美利用AI技术挖掘出自己现有工作中新的收入来源，从原来的广告策划者成功变成了一名设计师，并赚取了额外的设计费。这并不是案例中才有的故事，而是很多人已经在做的尝试和探索。AI技术，不但可以升级原有的工作能力，还可以帮助我们掌握之前不具备的技术和能力，通过AI变现，实现收入增长。想利用AI变现，主要有三个方向。

1. 升级原有的赚钱能力

在自己目前已掌握的工作技能的基础上，利用 AI 工具提高工作效率，让自己的工作做得更快、更好。

像平面设计师、原画师、文案作者等，有了 AI 的辅助，我们可以将原本两天的工作量用两个小时完成，那么在单位时间内，我们就可以完成更多的工作量，获得更高的收入。或者也可以利用省下来的时间，提升自己的技能水平，来完成更加复杂的工作，获得更高的回报。

作为创业者，这个逻辑也同样适用。例如，一家互联网运营公司，原本有 10 人的工作团队，负责运营某平台的 30 个账号，每人每天可以发布 6 篇文案。而有了 AI 技术的帮助，公司可以只保留一名员工，他只需负责操作 AI，便可以同时接管 30 个账号的运营，每天发布 60 条笔记。这样一来，不但减少了员工工资成本，还提高了生产效率，算下来可以节约 70% 的成本。

2. 利用AI的能力赚钱

如果发现市场中有一门可以盈利的生意，但因为自己无法掌握与这门生意相匹配的技能，应该怎么办？或许我们可以考虑利用 AI 技术辅助自己参与其中。

比如，一些根据客户需求定制生产的内容，类似企业 logo 设计、网页设计、家装设计等个性化设计工作，这类岗位有较高收入，存在一定的技术门槛，不会操作软件、不懂编程的外行人很难涉足。但现在有了 AI 技术的帮助，经过简单的学习，我们也能拥有相关的专业技能。只要审美在线，能理解客户需求，人人都可以成为设计师，参与这个领域赚钱。

有了这个思路，我们就会发现利用 AI 赚钱的方式可不止这些。

从前人们需要去版权素材网站上购买可商用的图片和视频素材，价格动辄都要成百上千元。这是因为制作这类素材的成本太高，它需要有高质量的拍摄设备和专业的摄影技术人员,才能做出可商用的品质。但有了AI技术,这些高品质的素材就可以通过相关的AI工具生成。没有高级设备和拍摄技术的普通人,也可以很容易地生成类似作品,并进行售卖,而且AI的产能是传统拍摄的上百倍,只要有足够的耐心去训练AI工具,我们就能不断生成质量更好的作品,创造不菲的收入。当然作为使用方,也可以自己生成素材,降低成本。

强大的AI技术,还能创造出现实生活中无法实现的,那些只存在于脑海中的奇幻画面。比如时下热门的动物时装秀视频,让各种威猛或可爱的动物穿着时装在T台上走秀,这类视频无论在哪个平台,都能让相关账号在短时间内获得百万点赞,其背后流量可想而知。过去,这样的视频只能用合成技术,花费极高的费用制作而成,但现在只需要简单的AI工具,配上提示词等设定,便可轻松实现。

此外,根据孕妇的B超照片推测宝宝未来长相,利用照片"复活"名人或已故的人,利用动画或电影IP进行人物二次创作等,都是AI擅长的领域,这些也都是已被验证的、可以创收的新商业模式。所以,只要有创意、有想法,够离奇、够奇幻,就能让AI像变魔法一样将想象变为现实,从而吸引流量,并最终实现流量变现。

3. 教别人用AI赚钱

顾名思义,就是为想要利用AI赚钱的人提供帮助,教他们如何使用AI技术,让别人为知识付费。现在的AI工具如此强大,即使我们没有制作、开发这个工具的技术,但也可以当那个卖工具的人。

很多人从网上认识了AI,看到了它广阔的前景,却不知道如何使用、去哪里用、又要用在哪里。如果我们愿意学习钻研,比别人先掌握了使用AI的技能,就可以利用信息差提供服务、售卖课程,甚至可以利用AI生成怎么使用AI的课程。

可以利用 AI 技术变现的方式有这么多，我们要赶紧学习起来，把握当前 AI 市场发展的有利时机，抓住赚钱的好机会。

第二节　"单身经济"热潮及其衍生市场

随着社会经济的发展和教育水平的提高，年轻人越来越追求自由、独立的生活方式，不愿意被婚姻束缚，而离婚、丧偶也不再是令人"抬不起头"的秘密。加之娱乐方式的多样化，也使得许多人不再需要从婚姻中获得快乐。因此很多人选择维持单身状态，而不是进入传统的婚姻关系，这导致近年来中国的单身人口持续上涨。

最新数据显示，中国的单身人口已经超过 2 亿，并且这一数字还在不断上升。这一现象不仅对整个社会产生了深远的影响，同时也催生了一个新的万亿经济市场——"单身经济"。

一个人吃饭、一个人回家、一个人刷手机、一个人看病、一个人撸猫……这看似"孤独凄惨"的生活现状，其实是一个单身人士典型的生活现状。而这样的生活状态带来了巨大的商机。随着社会的不断发展，在未来选择单身或独居的人会越来越多，"单身经济"的热潮还会持续上涨，并衍生出更多的细分行业。想要利用"单身经济"赚钱，可要看准商机、抓紧入场了。

大乔是一名烘焙师，经营着一家手工面包坊，主营吐司、蛋糕和欧包等西式烘焙品。随着近年来市面上的甜品店、面包店越

> 开越多，产品的种类、口味每天都在更新，所有人都在绞尽脑汁创新产品，甚至通过联名 IP 来吸引更多的年轻人光顾。
>
> 　　大乔最初也加入了行业"内卷"行列，带领店里的烘焙师研究各种新奇的口味和馅料，但这些努力却收效甚微，营业额并没有显著变化。
>
> 　　后来，他了解到"单身经济"这一概念，便决定将其作为业务增长的突破口，打开面包坊的销路。通过研究餐饮行业针对单身人士推出的经营策略，大乔果断改变了产品销售思路，更换了面包坊的菜单。
>
> 　　他把目标客户定位到喜爱甜品但经常一个人用餐、食量较小的单身女性群体，将原本的大吐司、大欧包分量减小，并推出了"单身套餐"。每种口味的面包切分成 1/2 份或 1/3 份后进行组合售卖，同时搭配酸奶碗、低热量饮料等产品进行推销，吸引想要控制体重的女性消费者。

　　这样的菜单能满足单身女性既想要一次性品尝多种口味面点的需求，又不会因为分量太大而产生心理负担，精准地抓住了单身女性的心理需求。果然，更换经营策略后，店内客流量显著提升，营业额也持续增加。

　　所以想要利用"单身经济"抓住商机，首先需要分析单身人群的消费心理，找准目标客户，为他们提供更有针对性的个性化服务。根据单身人群的消费特点，我们可以从三个方面寻找赚钱的商机。

1. 单身人群的"悦己"需求

　　单身人群往往文化程度较高，薪资收入较高，单身生活让人们更加注重自我需求的满足，愿意为了"取悦自己"消费。他们更看重自身的职业规划，也更愿意为了自己的发展在教育培训等领域消费。同时因为是一个人生活，单身人群会更注重风险防范与未来生活的保障，所以他们会更注重身体健康，也更愿意购买保险等金融产品。我们可以考虑通过以下机会来满足单身人士的自我需求。

（1）健康管理

提供定制化的健康餐食、身材管理、医疗保健服务，包括定制营养餐、个性化减肥方案、健身教练指导、健康体检和医疗咨询等。这些能够帮助单身人士更好地关注自身健康，实现健康生活目标，满足他们对健康的追求。

（2）教育培训

开办职业培训和教育机构，提供定制化的课程，根据客户从事的行业、公司特点、岗位层级等提供职业规划或教育课程，支持他们提高学识、技能及综合素质。

（3）风险防范

向单身人士售卖健康保险、人身意外保险、财产保险等各种保险产品，以保障他们在意外情况下的安全和财务稳定。同时，还可以提供定制化理财方案，向他们推荐投资理财产品，以便更好地实现未来的财务规划。

2. 单身人群的新消费需求

单身人群更倾向于体验式消费，他们乐于花费在独特、有趣的体验上，比如旅行、美食、社交活动等。他们追求丰富多彩的生活，愿意尝试新奇的事物。随着数字化技术的发展，单身人群也更倾向于在线购物、数字化娱乐等新型消费方式。因此，为单身人群提供符合这些消费习惯的产品或服务，将有助于我们抓住"单身经济"的商机，赢得消费者的青睐。

（1）"一人食"餐饮

如果想从事餐饮行业，可以考虑针对单身人群提供"一人食"餐饮服务。例如单人餐厅，设置只有一套餐具、只能坐一个人的空间，让每一位来吃饭的客人能不用社交、不被打扰地享用美食；或者将餐厅菜单换成"一人份"

菜品，主打小分量、低脂、绿色；还可以专注于"单人套餐"，菜量虽小，但种类丰富、餐品精致，以上都是吸引单身人群的好方法。

（2）"一人行"旅游

为想要一个人旅游的人群提供旅游服务，比如提供单人旅行攻略、"一对一"导游、单人精品拼团等服务方式；或者是作为中介，组织个性化的社交旅游，比如摩托车骑行、房车旅行、露营旅行等。

（3）独居老人的养老方式

除了单身的年轻人，时下因为各种原因独居的老年人也越来越多，开办养老院也是一个不错的选择。

3. 单身人群的情感需求

单身人群在追求个人独立的同时，也渴望社交和连接，也有情感寄托的需要。他们在忙碌的工作生活中也会感到孤独，渴望找到与他人分享生活、交流想法和情感的机会，这也是我们可以抓住的商机。

（1）提供情感寄托

单身人群的情感寄托，可不是寻找伴侣，他们更愿意通过猫、狗、花鸟鱼虫等来寄托自己的情感。所以我们可以考虑进入宠物行业，特别是奇花异草和新奇异宠，都是细分赛道的热门选择。

（2）提供社交策划

可以通过活动策划获得收入，组织个性化的主题社交活动，如复古派对、科技交友会、艺术创意聚会等，吸引不同兴趣爱好的单身人群参与，满足他们的交友需求。

（3）提供文化服务

非遗工艺、手作、文创文化是时下年轻人十分热衷的业余活动。我们可以通过艺术创意市集或者线上商城销售艺术品、工艺品和文创产品，也可以开设手作工坊，教授非遗技艺或者手工课程。这些方式，都能实现商业盈利、拓展收入来源。

了解并满足单身人群的"悦己"需求、新消费需求和情感需求，是抓住单身经济商机的关键。通过提供符合这些需求的产品或服务，我们可以更好地链接单身消费群体。"单身经济"的崛起为创业者和企业提供了丰富的发展空间，现在正是抓住这个趋势、开发相关产品或服务并赚取利润的好时机。

第三节　极具发展前景的宠物行业

公园里，一群年轻人围着一辆婴儿车兴奋地拍照、讨论，凑上去一看，车里窝着一只穿着小裙子、戴着蝴蝶结的小马尔济斯犬。现在，不愿生育的年轻人，开始通过养宠物获得"养娃"的情感体验。

除了年轻人，老年人群体在宠物行业的消费能力同样不容小觑。无论是赋闲在家的退休职工，还是儿女不在身边的"空巢"老人，宠物成为他们寄托情感、治愈孤独的"良药"。同时还有一些子女会主动为老人购买宠物，希望能借此带动老人多走出家门锻炼身体，并增加老人社交的机会，帮助他们维持身心健康。

宠物正在深入中国居民的家庭生活，有数据显示2023年国内养宠家庭的数量超过了22%，宠物经济产业规模高达5928亿元。这一数据相较前一年涨幅超过20%，表明了宠物产业绝对是当下最有发展潜力的行业之一。

宠物经济正悄然兴起，从宠物食品、用品到医疗、美容等领域，无不展现着巨大的商机和需求。宠物主人们早已将它们视作家庭成员，愿意为自己的宠物付出，给予它们最好的关爱和生活品质。柔软的毛发、明亮的

| 赚钱时机 |

眼眸，以及无尽的忠诚和陪伴，宠物不仅仅是人类的伙伴，更催生了一个充满无限可能的"商业市场"。

> 小陈是一名宠物侦探，负责帮助宠物主人找回丢失的宠物，虽然这个职业听起来有些不太靠谱，但收入却十分可观。说起他入行的原因，其实也是自己对于宠物深厚的情感。
>
> 小陈原本在广告行业做总监，有一次自己养了三年的蓝猫丢了，焦虑的他想了各种办法寻找，甚至用了网上流行的"剪刀大法""算命道士"等迷信的方法，但都无济于事。正当绝望时，他听说专业的宠物侦探，可以用科学的方法和仪器寻找丢失的宠物。抱着试一试的心态，他请来了寻猫团队，没想到他们真的在两天时间内找到了丢失的蓝猫。
>
> 这一次的经历让小陈了解到了宠物侦探这个全新的领域，他花钱去北京学习了相关的专业知识，并帮助身边的几个朋友寻回了宠物，就这样一传十，十传百，来找小陈寻找宠物的人越来越多，他总结了不少经验，便萌生了将宠物侦探作为副业的想法。
>
> 刚开始，小陈利用周末的时间，在自己所在的城市接单。后来，随着成功找回的宠物越来越多，他的名声也越来越响亮，小陈便干脆辞去了原本的工作，组建了寻宠团队，开始专职做起了宠物侦探。入行三年，他寻回了上千只宠物，团队年收入达到了一百多万元。

看到小陈的经历，想必很多人跃跃欲试，开始思考如何在这个蓬勃发展的宠物行业中找到属于自己的商机？宠物经济并非遥不可及，每个人都有可能在这个领域找到适合自己的机会，实现财富增长。无论是提供专业的宠物美容服务、开设宠物用品店，还是打造独特的宠物食品品牌，都是赚取丰厚利润的途径。当然除了传统的生意经，现在的宠物行业还有许多新兴的衍生赛道值得关注。

1. 满足养宠的仪式感

大部分的宠物主人出于情感动机选择养宠物，宠物经济说到底是一种情绪经济。所以我们在设计宠物产品时，可以考虑加入仪式感。虽然产品是给宠物用的，但情绪价值是提供给消费者的。

（1）宠物零食

庆祝生日、享受美食是人类社会中的重要仪式感，这种情感连接也同样可以延伸到宠物的身上。可以考虑制作和销售专门为宠物设计的食品，如宠物可食用的生日蛋糕，不仅可以给宠物主人提供一种新颖的庆祝方式，还能增强他们与宠物的情感纽带。

此外，还可以推出一系列在人们过节时，宠物也能享用的节日食品。比如在过年期间，推出宠物年夜饭，让宠物也能参与这个家庭的重要时刻。同样，还可以推出春天的宠物青团，或者在端午节、中秋节、元宵节等，专门定制宠物也能吃的粽子、月饼、汤圆等节令产品，让主人和宠物能够一起享受节日的氛围。

（2）宠物摄影

就像给人拍摄写真一样，专业的宠物摄影不仅记录了宠物的成长和生活，也为宠物主人提供了深刻的情感体验和珍贵的回忆。这是典型的注重仪式感的行业之一，也是宠物经济中快速增长的消费领域。

如果考虑经营宠物照相馆，可以提供室内摄影棚或是户外自然环境等专业的拍摄场地，以及服装搭配和造型整理服务，帮助宠物主人打造出独一无二的宠物形象，同时还可以提供修图和"出片"服务，确保每张照片都能展现主人心中完美的宠物形象。

2. 提供精细化宠物服务

随着宠物主人对宠物生活品质提升的追求，宠物服务行业也不断向精细化迈进。例如宠物医疗，已经从最初的疫苗接种和常见疾病治疗，发展到了更加专业和精细的领域。现在的宠物医院不仅提供常规的健康检查和治疗服务，还提供个性化的医疗建议，如基于宠物的品种、年龄、体重等因素的营养咨询和疾病预防。

（1）宠物健康管理中心

在资金充裕的前提下，可以考虑开设宠物健康管理中心。除了常规诊疗项目，还可以考虑引进宠物美容、中医兽医、兽医针灸等项目，以及一些专业的宠物体检仪器，提供营养咨询、行为训练等服务。

（2）宠物保健品

宠物保健品行业也是新兴的消费领域。为了延长宠物寿命，提高宠物晚年生活质量，很多宠物主人开始注重宠物的保健。可以考虑开发或销售各种宠物保健产品，如营养补充剂、护肤产品、口腔护理产品、美毛产品等。或者在宠物零食中加入营养保健成分，以此开拓新的销售渠道。

3. 多种形式的宠物托管

很多年轻人喂养宠物，却常常没有足够的时间陪伴它们，他们白天要上班，节假日要出门旅游。像小猫、小狗之类的宠物，是无法长时间将它们单独放在家中的。这就会产生一种新的消费场景——宠物托管。

最早的宠物托管形式是门店寄养，主人将宠物放到专门的寄养机构，委托照看。但这样的模式也存在一定的问题，寄养的环境往往比较恶劣，宠物大多数时间只能被关在小小的笼子里，而且碰上节假日高峰，会有大量宠物挤在一起，容易导致宠物生病。

于是，时下便出现了新的托管形式——上门喂养。也就是将宠物留在原本的家中，找专人负责上门喂养的"一对一"服务，能够让宠物获得更好的照顾，主人也能够更加安心。这种商业模式不需要什么门槛，只要有时间、有爱心、有喂养宠物的经验，便可以利用节假日接单，这也能获得不小的收入。

此外，现在还出现了宠物日托服务，类似于幼儿园的形式。白天主人上班时，将宠物送到日托班，晚上下班再接回家中。这是一种新兴的托管模式，属于小众偏冷门的领域，但市场需求却不小，有不错的发展前景。

随着人们生活水平的提高和对宠物关爱的加深，宠物经济有望成为城市经济的重要增长极，对于创业者来说也是不可错过的机遇。想要在宠物行业有所收获，务必要持续创新产品和服务，满足消费者日益多元的需求。

第四节 "数字游民"：新经济下的自由职业

在互联网时代，越来越多的年轻人选择逃离"大厂"，摆脱"996"，成为拥抱新经济场景下的自由职业，做一名"数字游民"。"数字游民"是指在互联网技术高度发达的当代，不需要办公室等固定工作场所，通过互联网即可完成工作并获得收入的群体，"边工作，边旅居"是他们的日常状态。

近几年，"数字游民"群体数量快速增长，到2023年年底全国大约有700万"数字游民"。其中，年轻人是"数字游民"的主力军，占据总人数的58%，涵盖了各行各业的专业人才，例如自媒体创作者、软件程序员、自由职业者等。

越来越多的年轻人之所以选择成为"数字游民"，是因为他们可以自主安排工作时间和地点，做到了"只工作不上班"，真正实现了"在快乐的地方工作，到美好的地方生活"的理念。

小柯是一名"00后"女孩，喜欢追求新鲜事物的她与伙伴们

| 赚钱时机 |

运营着一处"数字游民"社区。最初选址时,团队选择了去四川的某个村落,虽然是乡下的村子,但是这里交通便利,距离机场仅20分钟车程。并且村子在山顶上修建了一座独特的螺旋圆形观景台,它如同一颗棒棒糖悬浮在山巅,将乡野的宁静与现代的设计巧妙地融为一体,吸引着从拥挤城市"逃离"到乡下的年轻人。

经过对村子周边建筑的改造,"数字游民"社区开张了,这里能满足年轻人的各种生活和办公需求,具备办公、住宿、餐饮和社交等功能。同时小柯还邀请了来自世界各地的多名艺术家,共同创作打造了十个艺术装置,给在这里旅居的"数字游民"带来有别于乡村风景的艺术气息。

社区提供了超过2000平方米的共享办公空间,配备各种工作设备,以满足"数字游民"对于创意设计、程序开发和自媒体等工作的需求。这使人们即使身处乡村田野,也能感受到城市里的办公氛围。

通过运营这个社区,小柯和同事们找到了新的职业,创造了新的收入来源,同时游民社区也帮助当地乡村振兴经济:越来越多的游客慕名前来游玩、参观,村子里铺了柏油马路,实现了5G覆盖,快递可以送货到村,村民们也享受到了更好的公共基础设施。

随着"数字游民"的火热,近年来一大批"数字游民"基地在国内破土而出。它们大多创建在乡村,因为大多数的"数字游民"想要"逃离"城市,到风景优美的乡村旅居。人们希望拿着一线城市的薪资,享受着三、四线地区的物价水平,通过自由流动体验不同地域的自然风光,领略各地文化和生活方式,拓宽视野,丰富人生阅历。

所以,无论是摆脱现有工作的桎梏,加入"数字游民"大军,还是利用这一热门经济现象进行创业,都是不错的选择。

1. 成为"数字游民"赚钱

与传统的"上班族"相比,"数字游民"通常更具灵活性,他们可以自由地选择自己的工作时间和地点,并通过做一些创意性的工作,获得比传统工作更高的收入,但同时他们也需要更多的自我管理和自我推动能力。

想要成为"数字游民",首先,要明确自己的技能和兴趣。"数字游民"主要的工作方向有写作、设计、程序开发和服务咨询等。我们可以对照不同工作的要求,紧跟行业发展的趋势,不断学习和进步,提升自身职业技能的竞争力。

其次,建议先利用工作之余,兼职一段时间,考察自己是否能适应远程办公的模式,并寻找自己最得心应手的工作内容。可以在国内的"数字游民"社区,或者全球范围内的自由职业网站等平台上搜索工作机会,然后再考虑是否要辞掉现在的工作,做一个完全的自由职业者。

最后,需要把握好工作与生活的平衡。给自己规划设计合理的工作日程,使自己能在旅行之余兼顾工作,享受多样化的生活体验。

当然,还有需要注意的一点,如果想要出国游历,必须提前了解目的地国家的税务和签证政策等要求。现在全球已有50多个国家推行了"数字游民"签证,但是相应的要求、需要准备的证明材料等各不相同。根据某机构的测评结果,从入境友好度、生活质量、宜居程度三个方面综合评判,印度尼西亚、马来西亚、阿联酋都是不错的选择。

然而,在如此火热的前景下,我们也要冷静下来思考几个问题。一是收入不稳定,自由职业者的收入要做到比全职工作更稳定,就需要不断寻找项目和客户来维持。这就需要我们具备自我推销的能力,花时间和精力来推广自己的服务或产品,以及与潜在客户建立关系。二是生活成本,去不同国家、城市的旅行费用差别很大,每个地区的生活成本也不尽相同,

| 赚钱时机 |

我们同时还需要考虑各类健康保险、出行保险等支出费用。

所以,在成为"数字游民"之前,一定要做好规划,不能只羡慕别人的洒脱而忽视背后的付出,不能头脑一热就辞去工作,在什么都没有准备的情况下就开启"流浪生活"。

2. 利用"数字游民"行业赚钱

如果我们本身不具备成为"数字游民"的专业技能,也可以利用时下这个大热趋势进行创业,利用这个行业赚钱。

(1)"数字游民"生活服务

国内的"数字游民"最喜欢前往乡村,或者城市与乡村交接的地方旅居,但乡村作为旅居地,正面临基础设施不完善和服务不足的困境,导致目前的"数字游民"社区规模较小,发展被制约。

因此,我们可以考虑通过为"数字游民"提供生活所需的基础设施和服务来赚钱,如高速互联网接入、现代化的办公设施、专业的健身设施等,以方便他们远程办公和生活。

(2)乡村旅游体验

现在人们都喜欢返璞归真、回归自然,我们不妨利用乡村环境和资源,提供丰富多样的乡村旅游体验和活动,吸引"数字游民"和其他游客前来体验乡村生活和感受乡村文化。同时,还可以考虑打造共享农场、农场式居住社区等,为他们提供参与农业的体验活动,让"数字游民"有机会参与农业生产和农村生活,体验农耕文化和农产品的乐趣。

(3)配套休闲娱乐

虽然身在乡村,享受美好的自然环境,但很多年轻人仍然渴望城市中的生活方式,如在工作之余与朋友下馆子、小酌一杯或是参与一些手作、桌游等社交活动。我们可以抓住这片市场空白,在"数字游民"社区经营饭馆、咖啡厅、酒吧或者DIY工坊、KTV、私人影院等休闲娱乐场馆。

对越来越多的年轻人而言,"数字游民"成为摆脱"内卷化"工作和生活的一种选择,是探索自我、追求更自由、平衡、有意义生活的途径之一。而这个新兴的概念,也为我们带来了新的赚钱机会。

第五节 发掘养老行业的"蓝海"

据国家统计局发布消息,2023年年末,我国60岁及以上老年人口达到2.97亿,占全国人口的21.1%,我国正式步入中度老龄化社会。在未来20年内,我国人口老龄化趋势还将不断加剧,预计到2050年,60周岁以上老年人口数量将占据全国人口30%以上。

我国的养老服务需求呈现持续增长的态势,仅养老护理人员的缺口就高达千万,传统的养老模式已经无法满足快速增长的养老服务需求。同时,国内目前的养老服务缺乏标准化,在很多特定的时间、空间及场景下,仍需要大量的人工服务,不太具备规模经济效应。

养老服务行业注定是高度分散的,不可能只有几家公司独大,因此这对很多小公司来说是一个大的发展机会。同时,政府对养老产业的支持力度也在逐步加大,出台了一系列扶持政策,为养老服务业的发展提供了良好的政策环境和发展机遇。

对于有志进入养老行业的人来说,这样一个万亿级别的"蓝海"市场是一定要抓住的时机,是普通人也能接触到的创业风口。

美国公司"Honor"是全球最大的居家养老护理技术平台,成

| 赚钱时机 |

立之初被称为"家庭护理界的滴滴"。老人及其家人可以在手机端 App 中填写个人信息和护理需求，Honor 公司将会利用算法智能匹配老人和护理人员，为客户提供一次性居家护理服务。家庭护理人员的工作内容包括提醒老人用药、陪伴、协助活动、身体护理、卫生清洁、外出搀扶、简单家务、膳食和杂货准备等。

该公司的创始人定居在加利福尼亚州，他常常为照料远在康涅狄格州的母亲而担忧，如何找到合适的护理人员？护理人员能否尽职尽责？都是他需要操心的问题。创始人深刻意识到，提升老年人护理质量以及改善老年人、家庭和护理专业人员之间的关系至关重要，所以他在 2015 年创办了 Honor 公司。

Honor 公司连接了专业护理人员和需要家庭护理服务的老年人，家人可以了解来访护理人员的信息、工作说明、日程安排、到达和离开时间，以及工作的完成情况，并获得重要事项提醒。护理人员可以了解客户需求和工作任务、管理日程、选择适合的客户、安排排班、打卡进出、记录客户就诊情况，以及接收实时的绩效反馈，让护理协调更为高效。

养老已经成为一个全球性的问题，较早步入老龄化社会的国家，养老行业的发展更加成熟，有多家上市公司，并且已经开始将养老与互联网技术、人工智能结合。国内市场还处于早期阶段，特别是高品质、专业化的养老服务仍然匮乏。因此，要想成功地进入国内养老行业，获得赚钱的商机，需要我们抓住行业发展的新趋势，结合创新思维和前沿技术，为老年人提供更贴心、更智能的养老体验。

1. 开办社区食堂

随着年龄的增长，独居老人吃饭已经成为难题，为他们提供方便、健康、实惠的餐饮服务，设计营养均衡的菜单，提供定制化菜肴，并提供外卖或送餐服务，是一个不错的创业途径。

2. 建设老年人活动中心

老年人也需要社交、文化和娱乐活动，与其让他们在马路边、树荫下跳舞、下棋，不如提供一处专业、安全、舒适的场地，通过开设各种兴趣班、文化交流活动以及康复训练，让老年人拥有学习和放松的空间。虽然现在全国各地都有开办老年大学，但仍处于供不应求的状态。我们可以考虑从乡村、社区等小范围地区开始建设，逐步扩大规模。

3. 从事老年人教育

国内大部分老人都有协助子女养育第三代的"任务"，我们可以考虑从这方面入手，教他们学习一些现代的儿童心理学、儿童教育学的知识，使其教育理念能够更好地与子女达成一致，同时教授老人学会使用电脑、智能手机等设备，也能让老人更好地适应智能化的社会。

4. 开展老年人旅游活动

当代老年人越来越注重个人生活质量，照顾子女儿孙之余，他们也渴望走出家门，享受旅行的乐趣。我们可以设定适合老年人兴趣、身体状况的旅游路线，并提供全方位、安全便利的旅游服务。

5. 进行适老化居家改造

年轻人的居家装修关注美观与实用，而老年人居住的环境，则更需要注重安全性、便利性和舒适度，适老化居家改造也是时下热门的业务。提供老年人友好的设计装修方案、安全设施改造以及智能家居设备安装等服务，确保设计合理、施工质量可靠，以及提供售后服务将是占领先机，扩大业务的关键。

6. 提供居家护理服务

提供老年人的日常生活护理服务，包括洗衣、购物、清洁等，通过契约工或小时工的方式提供服务，这样的创业途径较为灵活，并且入行门槛相对较低。

以上这些领域都是准入门槛较低，前期投入较少的创业方向，普通人比较容易实现。此外，还有一些领域更具挑战性，需要创业者具备更高的专业知识和技术水平，投入更多的资金，但同时也能获得更高的收益和社会影响。

1. 人工智能诊断与评估

利用人工智能技术，提供老年人健康状况的智能诊断与评估服务，为预防疾病、健康管理和治疗方面提供辅助决策。我们可以开发智能诊断平台，整合医疗数据和人工智能算法，为老年人提供个性化的健康评估报告和健康管理建议，同时还可以与医疗机构合作提供临床支持。

2. 预防失能失智

这项服务内容结合了营养、体育锻炼、认知训练等多个方面，为中老年人提供个性化预防失能失智的方案。可以创建一家专门的健康管理公司，利用专业团队为客户制订个性化的健康管理计划，细致地关怀每一位客户；同时结合数据分析和人工智能技术，为客户提供更精准的服务。

3. 照顾认知障碍老人

这项服务的内容是对认知障碍老人的长期护理和管理，包括日常生活协助、认知疗法、行为管理等。我们可以建立专门的认知障碍照护中心，结合专业医疗团队和护理人员，为认知障碍老人提供安全、舒适的生活环境，并为其家人提供支持和教育。

4. 姑息护理服务

这项服务可以为晚期患者提供身心痛苦缓解、心理支持和家庭协调服务，通过优质的医疗护理改善患者和家人的生活质量。这需要我们建立一家专注于姑息服务的机构，以提供多维度的支持和关怀，同时还可以与医疗机构合作，提供全方位的姑息护理服务。

以上提到的创业途径需要创业者具备相关医疗、护理、技术等领域的专业知识和技能，同时还需要与医疗机构、专业团队合作，才能提供高质量的服务并取得商业成功。这些赛道不仅有利于养老产业的发展，也能为社会提供更多专业化、个性化的养老服务。

第三章

提升个人能力，抓牢赚钱机会

第一节　不断学习新鲜事物，持续发掘赚钱商机

1999年，罗伯特·清崎和莎朗·莱希特合著的《富爸爸穷爸爸》一书中，首次提到了"财商"的概念。财商的全称是"财富智商"，也就是指我们在认知、创造和管理财富方面的能力，包括跟财富相关的观念、知识、行为这三个方面。

财商是一个人在财务方面的智力，是理财的智慧，它可以通过后天的专门训练和学习得以提高。通过不断地学习，提升个人财商，就可以获得发现商机的能力，提升赚钱的能力，进而改善自己的财务状况。

说到学习成长与能力提升，很多人第一反应就是看书、听课，诚然，这是一个很好的方法，但是有些人却无法将书中的知识点与现实融合，获

取知识后的转化效率较低，实操性不强。

财商从来不是靠学习方法论就能提升的能力，而是要自主思考，主动创造，积极实践。我们不妨转换思维方式，从生活中汲取经验，将从书本中被动接受方法论和操作技能转变为主动学习身边出现的新鲜事物，培养主动探索的思维方式，技能只能赚到一部分的钱，而思维能赚一辈子的钱。

> 小朱是一家藤器编织作坊的老板，他在家乡招募了一批藤条编制技艺高超的手艺人，利用互联网平台售卖手工编织的藤椅、藤垫等家居用品。
>
> 工作坊的盈利还不错，至少乡亲们不用再去种田，也能有一份不错的收入。但是小朱并没有满足于现状，而是经常在网上搜索、浏览国内外各类前沿的家居产品，不论是新的形式、新的材料，还是新的产品用途，他都广泛涉猎。他希望通过不断学习新的理念，进一步扩大工坊的规模，实现更高的盈利。
>
> 有一次，他在一本国外杂志上看到了对宠物经济的宣传，文章讲述了当下宠物经济的狂热，特别是文中的一张宣传图片吸引了他的注意。图中的小狗窝在一个用藤条编制的筐里，他突然就有了新的想法，谁说家居产品只能给人类使用，宠物也可以。
>
> 于是他通过市场调研，以及与工坊内编织师傅的交流，果断将产品定位改为了宠物家居藤器，专门为各类小宠物定制小窝。
>
> 这一决策一下子打开了工作坊的业务范围，他们从一开始编制常规的猫窝、狗窝，逐渐发展到制作兔子窝、鸟笼等，材质也从单纯的藤条编织升级为藤条加布艺、藤条加皮具等融合形式。短短半年时间，工作坊的利润就翻了一倍。

在某个领域待久了，难免会形成固化思维，即使再专精钻研，也只是在很窄的视野内寻找赚钱的机会。而培养学习新鲜事物的习惯，是打开成功的另一扇门。跳出原有框架，就会看到更宽广的世界，会从中获得更开阔的心境。之后我们就会发现，原来通往成功还有很多条路。想要不断学习新鲜事物，发掘更多的商机，最重要的是保持好奇心和求知欲，从发掘生活中的新鲜事物开始，学会如何抓住商机。

1. 将自己从消费者思维转换为销售者思维

消费者思维，只关注自身的感受，好奇心的重点在产品本身。比如，走在街上看到一家小吃店里挤满了顾客，有消费者思维的人会忍不住凑上前去，买一份小吃，尝一尝味道，看看为何会有这么多人喜爱。这样的结果就是，别人吃什么，自己就跟风吃什么；市面上流行什么，自己就买什么，永远没有办法在商业初期就入局。

销售者思维则是透过产品火热的现象看本质，思考其背后的商业运作模式，思考自己如何将产品进行销售。比如，电商平台刚开始兴起的时候，越来越多的人在网上购物，具有销售者思维的人便会开始思考自己利用电商平台卖东西的可行性。当这个想法产生后，好奇心和求知欲就会驱使他们了解怎么做电商？如何开店铺？货源怎么找？成本要多少？

有了销售者的思维方式，再加上对新鲜事物的探索、学习，就一定能发现"风口"上的商机，如果成本低，不妨果断地去尝试一把。

2. 养成善于攀谈的生活习惯

每当遇到一个和自己有交集的人，只要对方没有拒绝交流，都可以趁机和对方家长里短地聊两句。商业信息的来源可不止新闻和财务报告，学会与各色人交流，就能通过信息互换，快速了解不同行业、不同工种的真实情况和行业趋势。这也是获取新鲜事物，发掘商机的有效途径。例如，打出租车时我们可以这样说。

"师傅，最近跑车好跑吗？"

"现在新车太多了，你看满街的空车，不好跑啊！"

"你们现在台班费高吗？"

"最近算是降了一些，150块吧，但这是公司给交社保的前提下，所以也是'羊毛出在羊身上'。"

"一般白天好跑还是晚上好跑呢？"

"当然是晚上，又不堵车，我一个晚上能跑500块，白天跑也就300多。"

简单几句话，我们就对出租车这个行业有了大概的了解，只要多几次这样的聊天，就能大概知道某个城市出租车行业的一些信息，如果是有心想做网约车或者投资，这些信息是十分有用的。

3. 学会"有目的"地凑热闹

同样是凑热闹，具有销售者思维的人去凑热闹，一定是带着审视和探究的目的去观察的。还是以火爆的小吃店铺为例，我们在凑热闹的时候要观察、思考，为什么它会火热？它的产品与同类产品相比有哪些具备竞争力的特点？它的火热是因为产品本身优秀，还是因为优惠活动，或是人为的造势？热闹的店铺就一定是挣钱的店铺吗？一个生意模式，要具备哪些重要因素才容易成功呢？

所以，每当看到生意好的店铺，我们都可以在内心大概预估一下它的投资回报率，经营所需成本、多久能够回本、可持续发展性等，这样在我们面对新出现的网红小吃、新兴的店铺时，就能掌握其背后的商业模式，在选择投资时可以考虑得更加全面、周到。

4. 尝试融入不同的圈子

一个人在稳定的环境里待久了，就会陷入舒适圈，变得懒惰、不思进取。同样道理，一个行业如果已经进入成熟期，那它的创新就会减弱，再想介入这个行业，竞争就会很强。

换个圈子，才能摆脱固有思维给自己的限制。除了经常往来的朋友，我们也可以尝试走出去，融入不同年龄、不同行业、不同身份的交际圈，发现其他人身上的优点，把他们的优点作为自己的目标，勇敢和他们交朋友。

例如，当下年轻人喜欢的剧本杀、密室逃脱、汉服节等，有的人对此嗤之以鼻，觉得幼稚，而有的人已经在这个潮流里面发现了巨大的商机。年轻人往往没有商业经验、资金实力，而很多老板有资金有经验，却缺乏这样的环境去发现市场和机会。多与年轻人交流，就可以获取当下最流行、最火热的新鲜玩法和新鲜事物，说不定就能从中发现新的"风口"和商机。

我们要让自己保持旺盛的好奇心和求知欲，不断地学习、观察身边出现的新鲜事物，并透过事物表面现象挖掘其背后的本质、剖析它的底层逻辑。这样就可以提升商业敏感度，培养自己的财商，从而持续发掘赚钱商机。

第二节　放大自身长处，建立核心竞争力

相信大部分人都听说过"木桶理论"：一只木桶能盛多少水，并不取决于木桶最高的那块木板，而是取决于最短的那块木板。于是，很多人坚信，个人的短处、缺点是制约自己走向成功，获得财富的关键，便头也不回地扎进了"取长补短"的努力中。

可是很多人都忘了，"尺有所短，寸有所长"，没有人生来是完美的。每个人都有自己的长处和短处、优点和缺点，一味地追求"补短"是没有尽头的，因为总有人拥有自己所不具备的优点。

当普通人还在勤勤恳恳提升自己短板的时候，那些真正厉害的高手，早已进入了"扬长避短"的模式。特别是在商业领域，要先做到"小而精"，才有可能向"大而全"发展。无论是个人还是企业，都应该找到自身的长处，投入主要精力放大长处，建立自己的核心竞争力，才有可能在商场的"厮杀"中立足。

泰德·威廉斯（Ted Williams）是美国棒球领域的"史上最佳击球手"，他在棒球界拥有的地位与巴菲特在金融圈相似，更被权威杂志评选为史上百位最佳运动员的第八位。

泰德对棒球运动的认知十分精准，他在《击打的科学》一书中提出了一个观点："高击打率的秘诀是不要每个球都打，而是只打高分球。当你能准确地击打高分球，而忽略其他区域的低分球时，就能保持最好成绩。"

他把击打区域划分为77个小区域，每个小区域只有一个棒球大小。只有当球进入最理想区域时才挥棒击打，对于非核心区的球，他从不挥棒。

他说："想成为优秀的击球手，关键是要等待一个好球。如果我总是去击打'甜蜜区'（高分球区域）以外的球，那么入选棒球名人堂对我来说就根本无法实现。"

"股神"巴菲特从泰德身上受到了启发，那就是"专注于高价值区"。巴菲特说："投资领域也像一个棒球场，而这场球赛永不停止。在这里，你要选择做最好的生意，当我看到上千家公司的时候，我没必要了解它们每一个公司。我应该主动去选择什么'球'才是自己要'打'的，这就是投资。大多数时候我们坐在那里看着球一次次飞来，只是在等待一个好球出现在理想的位置。"

我们的人生就像一场球赛，也有自己的高分区和低分区，如果能在高分区找到自己的优势长处，并抓住投入产出比高的机会，那么就有可能迎来巨大的成功。

对于创业也是同样的道理，我们要清晰地认识到企业的优势所在并有针对性地进行放大和利用，专注于核心领域，精耕细作，集中精力发展优势领域，不断巩固核心竞争力。

对于个人而言，想要把握创业赚钱的机会，不要盲目追求新风口，不要频繁地跨界，而是要静下心来，先专注经营好自己的优势，打造自己的核心竞争力。我们可以从以下几个方面打造自己的优势领域。

1. 记下自己的成就感瞬间

记住那些干得漂亮和比较轻松就获得成功的事情，通过记录自己人生中具有成就感的瞬间，我们就会发现自己的能力圈。记录得越详细、越多，就会越清楚自己的优势在哪里。

2. 记录周围人对自己的评价

有时候，我们自认为自己在某一个方面有优势，但事实可能并非如此；有时候，别人随意点评的一句话，却道出了自己从没发现过的优点。所以我们可以记录他人的评价，无论好坏，都从客观角度去记录，以此来帮助自己发现并分析自身优势。

3. 从兴趣点出发

若当前从事的工作，或所在的行业并不是自己真正感兴趣的，在奋斗时难免会有阻力。如果找到那些自己真正感兴趣的事情，自然就愿意花更多的时间去琢磨研究，而琢磨研究得越多，我们就越可能做成，也越有可能在这个过程中找到自己的优势。

对于企业而言，发现自身优势并建立核心竞争力是一个漫长且复杂的过程，这需要企业领导者长期、动态地关注市场变化，并不断调整企业发展战略。但如果是想要做点儿小生意，或进行小规模创业的普通人，我们可以从以下几点入手。

1. 企业客户分析

深入了解服务对象，也就是客户们心中的迫切需求和真实反馈，找出自己企业在满足这些需求时的独特优势。可以通过市场调研、给客户做问卷、面对面沟通等形式收集反馈意见，分析客户行为和偏好，找到企业在市场中的价值主张。

同时，还要紧紧抓住吸引客户的这些特质，这不仅能增加客户黏性，还有利于加强企业核心竞争力。

2. 竞争对手分析

"知己知彼，百战不殆"，即分析竞争对手的信息和数据，比较产品、定价、销售策略等，发现竞争对手的优势和劣势，对照找出自己企业优于他人的竞争优势和独特价值，制定差异化战略，从而发展企业核心竞争力。

3. 企业员工分析

员工是推动一个企业前行的最基础单元，员工在执行具体工作任务时，往往能获得外界对本企业的第一手反馈信息，他们也是对顶层策略实施效果感受最具体的群体，所以多倾听员工的意见和建议，设立有效的沟通渠道，鼓励员工提出心中所想，开展员工调查或设立工作坊，能促进团队合作，共同发挥企业的核心竞争力。

总之，我们要学会将目光放长远，将注意力放到优势领域，而不是总

| 赚钱时机 |

盯着缺点、劣势和不足，这样才能提升核心竞争力，获得机会并抓住商机，才能在市场中立于不败之地，获得持续成功和增长。

第三节 赚钱必备的六种抗压能力

生意场上风起云涌、竞争激烈，创业者们常常需要面对种种挑战和压力。成功的企业领导者往往拥有一种特殊的能力，让他们在逆境中不畏艰辛、稳步前行，这种能力就是抗压能力。拥有强大的抗压能力不仅可以帮助个人在困难时刻保持冷静，还能让企业领导者在面对重大决策时有足够的判断力，开创出一条成功之路。

不要总看到别人赚钱的容易，那是因为他们有积极乐观的心态和强大的抗压能力。他们不惧失败，视挫折为成长的机会，这种心理素质使他们能在逆境中不断前进。想做生意赚到钱，就得先练就一身抗压的本领。适当的压力，是赚钱的动力，扛得住压力，才能在绝境中找到突围的机会，抓住赚钱的商机。

> 提到埃隆·马斯克，大家会想到什么？是电动车及能源公司特斯拉的创始人，太空运输公司 SpaceX 的 CEO？还是福布斯全球亿万富豪榜第一位？这些风光背后，作为一名创业者，马斯克也在承受着巨大的压力。他的每一次成功都伴随着无数次的濒临崩溃却又重振旗鼓、再次出发的艰难历程。
>
> 有人说，马斯克已经从事火箭行业几十年了，但仍不懂自

己在做什么。SpaceX的火箭曾经经历过三次发射，但均宣告失败，几千万美元的投资就这样在空中爆炸，化为乌有。美国的航空英雄，比如尼尔·阿姆斯特朗、尤金·塞尔南等人，都曾反对过他的商业太空飞行项目。而恰恰是这些反对的声音，鼓舞着马斯克投身于商业火箭事业，并最终创建了美国太空探索技术公司（SpaceX）。

马斯克被人嘲笑，被偶像质疑，更一度被华尔街认为是"最不可能成功的企业"，但他顶住了所有压力，并最终证明了自己。SpaceX在经历了接连的发射失败后，终于迎来了火箭的成功着陆。

即便经历了那么多的波折和流言蜚语，马斯克仍然对所有人说："我不放弃。"当有人问他为什么不放弃时，他回答道："我不知道什么叫作放弃，除非有一天我死去。"

当我们想放弃时，不妨想想自己当初为什么要开始，并相信只要继续走下去，就算到不了终点，我们也比别人多了这一路走来的阅历。

抗压能力是每一个创业者必须具备的能力，是做生意必须学会的能力。生意场上没有所谓的轻松自如，每一个成功的生意人都是负重前行，扛着普通人扛不住的压力。培养以下这六种抗压能力，我们也能通过做生意赚钱。

1. 面对未知，坚持到底的能力

已经做了很久的生意，但一直收益平平，没有真正打开市场；有一个绝妙的商业点子，却苦于没有启动资金，无人支持。面对这些困难，仿佛看不到未来的路在哪里。

此时，最重要的是坚持。越是在这样未知的压力下，越要扛住时间的消磨，并坚持到底，寻找商机。阿里巴巴主要创始人马云曾言："只要不放弃，机会终将降临。"在商海中，坚持到最后的人必将业绩斐然。

2. 面对困难，迎难而上的能力

在经营遇到困难时，不要逃避，也不要被困境击倒。积极的心态可以重新点燃信念，这正是创业者化解压力的有效秘诀。面对压力，应不断探索，找到解决问题的途径，若抗压能力足够强大，甚至可以将压力转化为动力。

如果一味沉浸在困难带来的消极情绪中，不但无法解决经营困局，还有可能将企业拖入更糟糕的境地。所以我们要学会分析问题、寻找解决方案，并积极主动地面对挑战，迎难而上、解决困难。假如局势真的无法挽回，也不要灰心，要时刻保持积极的态度，接受现实、鼓足勇气，重新出发。

3. 面对慌乱，保持冷静的能力

巴菲特曾经说过："公司管理混乱、运作失误，往往酿成灾难。"公司运营的压力无孔不入，任何公司都可能因为各种意想不到的外部因素、内部决策或是人员陷入混乱局面，但卓越的领导者是绝不容许混乱长存的。

在压力面前，聪明的领导者会保持头脑清醒，建立有效的问题解决机制和时间管理能力，在混乱中保持冷静，最终找出问题根源，制定有效的解决方案，选择最佳途径摆脱困境、解压释压。即便无法改变现状，也能巧借手段避免被压垮。

4. 面对选择，勇于尝试的能力

当企业经营面对重大决策时，领导者的眼光、远见以及对市场的分析把握往往是关键因素。拓展事业就像走迷宫一样，充满曲折和挑战。在这条道路上，可能会遇到失败、困难和变化等各种风险。然而，通向成功的道路最终会显现在迷宫的尽头，只有不断尝试，才能找到走出困境的方法。因此，我们要有敢于做决定的魄力，能扛得住失败的后果，时刻保持清醒头脑，不要被压力击倒，并勇敢地不断尝试。即使迷宫很复杂，也总会有走出去的一天，因为一旦踏上旅途，必须一往无前。

5. 面对低迷，持续奋斗的能力

市场低迷时，所有生意人都在承受巨大的压力，这个时候比的就是心态了。当越来越多顶不住压力的人退出市场时，坚持下来的人便获得了更多的机会。唯有在生意不景气的时候坚守奋斗的精神，灵活调整策略，积极寻找新的商机和发展方向，财路才会开启、机会才会到来。公司历经"暗夜"，至关重要的任务之一就是"活过暗夜"。

6. 面对否定，无畏批判的能力

别人越是不看好，就越要做出一番事业。成功之路并非不可复制，那些批判的声音也许只是人们站在先前经验的角度给予的评论，那并不代表我们无法走通自己的成功之路。面对否定，我们可以将它们作为耳旁风，也可以辩证地看待它们，学会从反馈中提炼有益信息，接受和应对批评是做生意成长和进步的重要一环。

真正赚钱的商界精英往往是在逆境中磨炼出来的，他们在压力的洗礼下不退缩、勇担责任，变得更加强大。正所谓实力越大，责任越重；反之，承担的责任越大，相应地也能提升自身实力。这些责任实际上就是一种压力，而压力正是促使能力提升的动力。虽然压力难以承受，但却能推动成长，促使能力上升，锻造真正的强者。轻松悠闲怎能成就大业？唯有承受巨大压力，才能绽放全新活力。

| 赚钱时机 |

第四节　选对出售时间的方式，一份时间卖"N"次

很多人会苦恼一个问题：自己的收入与付出不匹配，赚得钱不够花。所以很多人会选择加班、跳槽、兼职等方式来增加收入。但有些工作只是在出售自己的体力，并不能有效地提高收入，反而会让自己的生活更加劳累。

事实上，只有赚钱效率高的工作才值得我们投入精力。赚钱效率指的是单位时间内赚钱的多少，一般可以用时薪来衡量。时薪越高的工作，证明其赚钱效率也越高。但时薪提升总有一个尽头，这个尽头，要么是公司的限制，要么是行业的限制。提高赚钱效率的秘诀，便是要选对自己出售时间的方式，一份时间售卖多次。工作赚钱的逻辑是以被买断的方式出售时间，也就是一份时间产出的劳动成果只能出售一次。那如果有办法让我们的时间同时卖给10个人、100个人甚至更多的人，那么在固定的时间内，赚到的钱就变成了原来的10倍、100倍甚至更多。

王路是一名职业插画师，他的作品细腻而富有创意，深受业内认可。但由于画画效率不高，他的收入一直不太稳定。每个月接到的订单数量不定，导致生活时常捉襟见肘。王路对此感到非常困惑和无奈。

一天，王路在与朋友小李聊天时，得知小李通过在网上开设摄影课程赚了不少钱。"你为什么不试试在网上开设插画课程呢？"小李建议道，"你画得这么好，肯定会有很多人愿意学。"

王路心中一动，决定尝试一下。他先准备了一些基础的插画教学内容，从工具的选择到基础的绘画技巧，再到如何创作完整的插画作品。然后购买了一些简单的直播设备，开始在某知名教育平台上进行直播教学。

> "大家好,我是王路,今天我们来学习如何画一只可爱的猫咪。"王路在直播中非常认真地给大家介绍,"首先,我们要从基本的形状开始……"
>
> 起初,王路的直播间里只有寥寥几人,但他并没有气馁,而是用心讲解每一个步骤,耐心解答每一个问题。随着时间的推移,他的教学风格和专业水平逐渐吸引了越来越多的学生。学生们不仅喜欢他的绘画技巧,更喜欢他幽默风趣的讲解方式。
>
> "老师,你讲得太好了,我终于画出了一只像样的猫咪!"一位学生在直播间留言道。
>
> "谢谢你的支持,有问题随时问我。"王路回复。
>
> 随着粉丝数量的增加,王路决定推出一套系统的付费课程,涵盖更深入的绘画技巧和创作方法。为了吸引更多的学生,他将课程定价为每节课几十元,通过一次直播可以卖给几十个甚至上百个学生。
>
> 王路的付费课程一经推出,就受到了热烈的欢迎。许多学生纷纷购买,课程销售一空。王路不仅赚到了可观的收入,还积累了一批忠实的粉丝。通过网络教学,他的生活变得更加稳定和充实。

一份时间售卖多次,也就是时间复用模式,是普通人也容易入门的一种赚钱模式,借助于高度发达的互联网技术,做短视频、文字、图片等内容产出都是很典型的工作。互联网是一种效应放大的工具,如果可以忍受前期产出无人问津的煎熬,坚持内容产出,便有机会获得关注和流量,让自己的工作产出获得万倍的收益。

总的来说,时间复用模式是一种比较容易操作的创业模式,对于想要兼职、做副业或者创业的人十分有帮助,而想要成功实施时间复用的创业模式,需要做到以下几点。

| 赚钱时机 |

1. 确定核心产品或服务

首先我们需要确定，自己复制和多次销售的核心产品或者服务是什么。这需要结合我们想投身的行业当前的市场状况，以及自身的能力水平来选定。比如想做一名 Vlogger（视频生活记录者），需要先确定自己擅长的方向，是美食，旅游，还是科技产品？选定方向后就要迅速进入学习状态，投入大量时间和精力，在这个领域积累优势，让自己的产品或服务从人群中凸显出来。

2. 建立标准化流程

不论是个人内容产出还是公司经营销售，想要长久地提供品质稳定的内容、产品、服务，都需要建立标准化的生产流程或服务流程，确保产品或服务的质量和一致性。这有助于提高工作效率并确保每次销售的产品或服务都能满足客户期望。还是以 Vlogger 职业为例，即使是自己一个人做内容产出，也需要固定视频更新的频率、拍摄的风格等关键因素。

3. 利用互联网平台优势

如果是一个作家，发售实体书的过程需要经历撰写、校验、印刷、出版、售卖，这个过程不但时间长，并且实体书的传播、销售效率较为低下。所以，我们要学会利用科技手段来提高赚钱的效率。作家可以尝试将自己的写作成果在网络平台发布，其赚钱的效率会提高很多。同样地，对于创业公司而言，应优先考虑使用互联网科技和自动化工具来简化销售、交付和客户服务过程，比如在线销售平台、自动化营销工具、客户关系管理系统等。

4. 设计包装品牌

为了能尽量多次地销售我们的工作成果，持续地吸引客户反复购买产品十分重要。为了提高客户忠诚度和重复购买率，设计包装美化自己的内容、产品和服务是一种有效途径。比如精美的视觉设计、优质的摄影和视频制作、吸引人的品牌故事、专业的文案、在社交媒体上展示产品等策略。通过不断优化和改进产品包装，可以提升品牌形象，增加客户认可度，进而实现更多的销售和业务成功。成功的创业永远不只是关于产品本身，还关乎如何有效地传达和包装创作者的独特价值主张。

5. 开展市场营销

"酒香也怕巷子深"，在坚持做好产品本身的基础上，制定有效的市场营销策略、建立品牌形象和推广产品或服务，也是打开销路，提高收入的关键。时间复用模式不仅指的是时间的重复售卖，同时也是营销的重复推广，比如利用互联网渠道以及大数据分析技术，精准地将产品投送到目标客户群体，吸引新客户，提升品牌知名度。

6. 维持良好的客户关系

想要提高客户忠诚度和重复购买率，维持良好的客户关系十分重要。就像明星、博主、网红都需要与粉丝群体保持一定的联系，维持黏性一样。建立健康的客户关系，与客户保持密切联系并适当提供额外的情绪价值，满足客户需求可以促使客户多次购买我们的产品。

7. 利用他人时间放大时间效率

当业务模式趋于成熟稳定后，可以开始考虑将一些时薪低、重复性高

| 赚钱时机 |

的工作交给别人，也就是购买他人的时间放大自身的赚钱效率。也可以将一些专业技术要求更高的工作交给专业人士，自己将节省下来的时间投入其他工作中，来换取更高的效率。

第五节　人际关系就是潜在的商业机会

在商业世界中，成功不仅仅取决于产品或服务有多出色，还取决于认识谁以及怎样与他们建立和维持关系。人际关系是个人生活和职业生涯中不可或缺的资源。通过有效地识人、接触人和经营人际关系，我们可以发现许多潜在的商业机会，找到赚钱的理想时机。

人际关系网络是一个巨大的信息和资源库。每个人都有不同的背景、经验和资源，这些都是潜在的商业机会。通过建立并维护良好的人际关系，我们可以获得宝贵的行业洞察、合作机会、市场信息，甚至是直接的业务推荐。对很多人来说，尤其是刚从校园中走出来的年轻人，如果缺乏长辈的引导或相关经验，他们很难正确地认识和看待人际关系的重要性。

其实，好的人际关系不仅能帮助我们解决问题，还能在关键时刻提供支持和资源，推动事业发展。

一个典型的例子是职场社交平台领英（LinkedIn）的联合创始人雷德·霍夫曼。霍夫曼在创建领英之前，已经在硅谷积累了丰富的人脉资源。通过这些关系，他不仅获得了早期的投资和技术支持，还吸引了大量用户和企业加入平台，迅速提升了领英的

> 市场影响力。可以说，霍夫曼的成功很大程度上依赖他的人际关系网络，这也证明了人际关系在商业中的巨大潜力。
>
> 另一个例子是美国科技公司苹果的创始人史蒂夫·乔布斯。乔布斯不仅是一位商业天才，更是一位卓越的沟通者和关系经营者，他与设计师乔纳森·伊夫的紧密合作，推动了苹果产品的创新和成功。乔布斯曾被赋予"现实扭曲力场"的称号，这源于他极其强大的意志力、坚定的信念以及卓越的表达能力。当他的下属遇到问题想抱怨或求助时，只要走进乔布斯的办公室，与他交流一段时间，往往都能充满干劲和信心地走出来。这种交际能力让他成为团队的核心和富有魅力的领导者。此外，乔布斯与供应商、合作伙伴和媒体均保持着良好的关系，这也为苹果的市场推广和品牌建设提供了强有力的支持。

这些例子表明，无论是创业还是企业发展，人际关系都是至关重要的。通过经营人脉网络，我们可以获得更多的商业机会和资源支持。那么，普通人应该如何利用人际关系来找到赚钱的理想时机呢？

1. 主动出击，拓展人脉

不要等机会找上门，要主动参加行业会议、社交活动和线上论坛，结识更多业内人士。通过这些活动，我们可以接触到许多与自己有相似兴趣或目标的人，建立初步的联系。主动出击不仅能拓展人脉，还能让我们在行业内获得更多的曝光和认可。

> 张先生是一名初创企业的创始人，他在创业初期通过参加各种创业孵化器的活动，结识了许多投资人和同行。当他还是一个"小透明"时，他和他的企业在行业内都寂寂无闻，出去参加会议也无人跟他交换名片。尽管如此，张先生也没有退缩，他认为，

| 赚钱时机 |

> 正是因为自己没有名气,才要主动出击。他积极参与各种业内的会议,一旦有机会就上台分享自己的创业想法,有些人暗地里嘲笑他,但也有人欣赏和认同他,最终张先生赢得了投资人的关注和支持。通过这些人际关系,他不仅获得了关键的启动资金,还得到了宝贵的行业建议和资源,成功地将自己的企业推向市场。

当我们还是行业内的"小透明"时,无人问津、到处碰壁是很正常的现象。但越是这样,就越要主动出去推销自己、拓展自己的人脉。哪怕别人无意结识,只要在业内多露脸,大家也会对我们的名字有印象,之后自然能一步步加强交流,机会就蕴藏在这些"印象"中。

2. 与其向上社交,不如平级社交

在人际关系中,互惠互利是关键,有时,向上社交往往不如平级社交有用处。比如,在行业会议中围着业内大佬转圈,我们可能会发现对方身边全是自己这样的年轻人,所以他们一定不会非常重视跟我们的交往,甚至可能交换过联系方式就把我们忘在了脑后。这时候,投入在向上社交中的精力几乎都是浪费的。

但平级社交不同,双方的职位、履历、能力都相似,能在合作中互相帮助而不是单方面帮扶某一方。因此,双方都会比较重视合作机会,愿意真正在这段关系中投注精力和时间。这样,我们反而能找到一些合作的机会并真正付诸行动。此外,跟不同行业或相关领域的人平级社交,进行资源互换和合作,一起进步发展,关系会更加牢固。

在交际中,可以适当主动帮助他人解决问题或提供有价值的信息,建立信任和好感。通过提供价值,我们不仅能赢得他人的信任,还能在关键时刻获得他们的支持和帮助,从而实现双赢。

3. 保持联系，维护关系

建立关系只是第一步，人际关系的关键还在于长期维护。定期与重要联系人保持联系，分享近况和行业动态，才能确保关系的持续性。而且，定期的沟通和互动，也可以让对方感受到我们的重视和关心，从而维持长期的合作关系。

维护关系时，沟通不仅仅是表达自己的观点，还要倾听他人的需求和意见。通过深入了解他人的需求，我们可以更好地提供解决方案，赢得合作机会。通过聆听和理解，还可以更精准地满足客户的需求，从而获得更多的商业机会。

4. 利用社交媒体，扩大影响

社交媒体是现代人建立和维持人际关系的重要平台。通过在平台上分享专业知识、参与讨论和互动，可以扩大影响力和人脉网络。社交媒体为我们提供了一个展示自我和连接他人的平台，通过积极的互动和分享，我们可以快速扩大自己的影响范围。

记住，成功的商业机会往往隐藏在人际关系之中，善于经营人际关系的人，才能在竞争激烈的市场中脱颖而出，真正找到赚钱的最佳时机。

第四章

把握职业发展时机，实现收入高速上升

第一节 副业时机：工作多久适合开启副业

在快节奏的社会中，单一的收入来源已经难以满足我们日益增长的生活需求和财务目标，越来越多的人开始寻求副业，以实现收入的倍增和财务自由。副业不仅能为我们提供额外的收入来源，还能提升技能、扩展人脉网络，并为我们未来的职业发展提供更多选择。

对于上班族来说，选择具有以下特征和标准的副业，才能让副业和主业打好配合，实现我们的赚钱目标。

灵活性：副业应当具有灵活的时间安排，与主业的工作时间不冲突。

低风险：初期投入不应过高，最好是能够在兼职的情况下逐步发展。

兴趣驱动：选择自己感兴趣的领域，这样不仅能提高投入度，还能增加工作的乐趣。

技能匹配：利用我们现有的技能和经验，这样可以更快地上手并取得成功。

当然，即使具有以上四个特征和标准，副业也并非随时都能启动，选择合适的时机至关重要。

> 王先生是某科技公司的一名软件工程师，他一直对摄影和视频制作有浓厚的兴趣，但由于工作繁忙，一直没有机会深入发展。某一天，王先生在浏览社交媒体时，看到了一位朋友通过兼职拍摄婚礼视频赚取了不少额外收入，这激发了他开始副业的念头。
>
> 王先生决定从小规模的拍摄开始尝试。他在网上购买了一些基础的摄影设备，利用周末和假期的时间学习和实践摄影技术，并参加了一些线上摄影课程，通过不断地练习和积累经验，提高自己的商业化摄影水平和效率。
>
> 几个月后，王先生开始在本地社区和社交媒体上发布自己的作品，并主动联系一些朋友，免费为他们拍摄活动和家庭聚会的照片。通过这些免费的拍摄机会，他积累了不少作品和经验，并逐渐建立了自己的摄影作品集，同步更新在自己的账户上。
>
> 随着时间的推移，王先生的摄影技术得到了越来越多人的认可，他开始接到一些付费的拍摄订单。通过口碑传播和社交媒体的推广，他的客户逐渐增多，收入也稳步上升。最终，他不仅在副业中找到了乐趣，还实现了收入的增长。

王先生的故事告诉我们，选择合适的时机和领域开展副业，才能有效地利用自己的时间和技能，真正实现副业赚钱。那么，普通人工作到哪个

| 赚钱时机 |

阶段时，才适合开启副业呢？我们应该怎么锚定自己的副业呢？

1. 评估时间和精力

在开启副业之前，我们要仔细评估自己的时间和精力，确保在主业之外有足够的时间和精力投入副业中，而不会影响主要工作和生活质量。这时候，就是我们开启副业的最佳时机。

比如，很多年轻人在刚开始工作时觉得压力最大，因为刚步入职场，工资水平比较低，但是花钱的需求又比较多，不管是买房买车、结婚生子，还是短期的旅游消费、美食购物，都让年轻人迫切想要开展副业赚钱。但是，刚步入职场的一两年内我们往往需要花费大量时间和精力培养本职工作的经验和技能，为将来的职业发展打好基础，这时候我们很难兼顾副业，反而不是一个合适的开展副业的时机。所以，评估什么时候适合做副业，一定要根据自己的时间和精力判断，而不是根据自己赚钱的需求来分析，千万别被欲望冲昏了头脑。

合理的时间管理是成功开展副业的基础，我们可以通过记录一段时间的时间使用情况，找出空闲时间段，并合理安排副业时间。同时，确保自己有足够的休息时间，以保持良好的工作状态。

2. 选择适合自己的领域

选择一个自己感兴趣且有一定基础的领域，这样不仅能提高我们的工作效率，还能增加工作的乐趣。兴趣是最好的老师，它能激发创造力和持久力，让我们在副业中持续发展。

例如，如果喜欢写作，我们可以考虑写博客、撰稿或编辑。如果对手工艺品感兴趣，可以制作和销售自己的作品。选择适合自己的领域，不仅能更快地上手，还能在副业中找到成就感。

3. 从小规模开始

做副业最忌讳的就是急于求成，最好是从小规模开始，逐步积累经验和客户。通过不断地尝试和调整，就可以找到最适合自己的工作模式和发展方向，"小步快跑，稳扎稳打"是副业成功的关键。

我们可以先从身边的朋友和家人开始，为他们提供服务或产品，获取他们的反馈和建议。随着经验的积累和口碑的传播，我们再逐步扩大客户群体和业务范围。

4. 利用网络资源

我们可以利用网络平台和社交媒体，寻找副业机会和资源。网络上有许多自由职业平台、兼职网站和社交媒体群组，都是寻找副业机会的好地方，通过积极参与这些平台和群组，我们可以拓展人脉，获取更多的商业机会。

> 很多插画师和作者都会在豆瓣、小红书等平台加入与副业相关的行业群组，参与讨论，分享自己的经验和作品，吸引潜在的合作伙伴。他们也会在账号上发布自己的作品或者投稿经历，一方面可以积累读者，另一方面也能让出版社、文化公司等关注到自己，吸引编辑前来邀请合作。由于大量的创作者选择了这种渠道进行曝光，现在很多传统的出版编辑也选择到小红书等平台上寻找作者，甚至连《人民文学》《收获》这些业内权威的文学报刊编辑，也在自己的账号发布了专门的投稿方式，积极与创作者交流。

由此可见，即使是权威和传统的行业，也可以借助互联网的便利来开

| 赚钱时机 |

展合作。网络资源能让我们更快地找到副业机会,提升业务水平和影响力。

　　副业是实现收入倍增和个人发展的有效途径,成功的副业不仅能为我们提供额外的收入,还能提升个人技能和生活质量,找准时机,让我们开启副业赚钱之路吧!

第二节　跳槽时机:权衡变动的利与弊

　　在职场中,跳槽是许多人职业发展中的一个重要决策。选择合适的跳槽时机,不仅能帮助我们实现职业的长期发展,还能带来涨薪和升职的机会。不过,跳槽也是一把"双刃剑",稍有不慎可能会影响我们的职业生涯。

　　为什么我们要跳槽?很多人对自己的未来发展并不清晰,所以对"换工作"这件事,其实没有明确的认知,可能只是因为模糊的感觉,比如"无聊""这份工作很累""跟领导吵架了"等理由就开始考虑跳槽。但实际上,如果从长远考虑,跳槽也是需要我们慎重选择的,一般在现有的工作中遇到以下情况时,我们可以考虑跳槽。

1. 职业发展瓶颈

　　在现有公司中看不到晋升机会或职业发展空间,但自己想在职位和个人发展上更进一步。

2. 薪资停滞

长期没有加薪或薪资待遇明显低于市场水平，为了寻求更好的福利而寻觅新的机会。

3. 工作倦怠

对现有工作内容失去兴趣，感到无聊或缺乏成就感，希望有工作技能上的提升或者切换到更感兴趣的工作赛道。

4. 工作环境恶劣

工作环境恶劣，团队氛围不佳或与上司和同事关系紧张。

而当我们面临以上不同问题时，要考虑的关键点也不同。只有明确自己的需求，找准跳槽时机，才能舒服地在职场中将钱赚到手。

小栗是一名中型企业的项目经理，他在这家公司工作了五年，积累了丰富的项目管理经验。然而，最近他发现自己在职业发展上遇到了瓶颈，公司内部的晋升机会有限，薪资也已经两年没有调整。更糟糕的是，他对现有的工作内容逐渐失去了兴趣，感到每天的工作都在重复，没有新的挑战。

小栗开始思考跳槽的可能性。他首先进行了自我评估，明确了自己的职业目标和需求。他希望找到一份能够提供更好发展机会和更具挑战性的工作，同时也希望能够获得更高的薪资待遇。

接下来，小栗开始积极寻找跳槽机会。他更新了自己的简历和求职网站上的资料，并主动联系了一些猎头公司。通过网络平台和行业内的朋友，他收集了许多公司的信息，并参加了一些招聘会和面试。

|赚钱时机|

> 在面试的过程中，小粟不仅展示了自己的专业能力，还详细了解了各家公司提供的发展机会和工作环境。最终，他选择了一家知名的大型企业，这家公司不仅提供了更高的薪资和更好的福利，还为他设计了一条明确的职业发展路径。通过这次跳槽，小粟不仅实现了薪资的提升，还找到了更具挑战性和趣味性的工作内容，为自己的职业发展打开了新的篇章。

小粟跳槽成功的经历告诉我们，选择合适的跳槽时机和目标，能够有效提升职业发展和薪资待遇。那么，我们应该如何把握跳槽的时机，找到最佳的跳槽机会呢？

1. 评估当前工作的满意度

在决定跳槽之前，首先评估自己对当前工作的满意度，这包括对薪资待遇、职业发展、工作内容和工作环境的满意度，我们可以通过以下几个问题来考察自己内心真正的声音。

（1）你的薪资待遇是否与现在的市场水平有明显的差距？

（2）未来一段时间内，在当前公司有没有可预见的晋升机会和职业发展前景？

（3）对当前工作内容的兴趣有多少，觉得自己在做有价值、让自己满意的工作吗？

（4）工作环境包括团队氛围和公司文化是否符合你的期望？

通过评估当前工作的满意度，我们可以明确跳槽的必要性和迫切性。

2. 研究市场机会

在决定跳槽之前，仔细研究市场机会。首先，浏览招聘网站，了解当前市场自己所在行业的职位需求和薪资水平。其次，查阅行业报告和新闻，了解市场趋势和发展前景。再次，通过一些常规的招聘平台，可以关注所在行业的动态和机会，了解当前岗位的要求、岗位数量和市场的人员流动频率，判断自己的跳槽难度。最后，我们可以通过朋友和同事，了解市场上的潜在机会和公司信息。

通过研究市场机会，我们可以更好地判断跳槽的时机和目标公司。

3. 进行自我评估

当我们对自身意愿和外部环境进行了评价，还要对个人的能力和发展目标进行评估，明确自己的职业目标和需求。

首先，我们要了解自己的职业目标，明确自己希望在未来几年内达到什么水平，包括职位、薪资、行业等方面。其次，要分析自己的个人优势，包括专业技能、经验和其他能力，找出在职场中的竞争力。最后，还要了解当前市场对所在行业和职位的需求，找出自己在市场中的定位。通过自我评估，我们可以明确自己的职业目标和需求，为跳槽做好充分的准备。

4. 选择合适的时机

选择合适的时机跳槽，能够将我们的选择利益最大化。我们可以考虑以下几个时机。

（1）在年度绩效评估后跳槽，可以利用绩效成果增强我们的竞争力。

（2）在市场需求旺季跳槽，可以增加机会和选择。

（3）在经济形势良好时跳槽，可以获得更高的薪资和更好的福利。

（4）在个人准备充分时跳槽，可以确保在新公司中迅速适应和发展。

跳槽是实现职业发展和薪资提升的重要途径，我们没有必要回避这个选择，也不要认为跳槽是不稳定的表现。但我们仍然需要谨慎地决定，把握最佳的跳槽时机，以实现职业的长期发展和薪资的提升。

| 赚钱时机 |

第三节　涨薪时机：如何与老板谈薪资

谈薪资是一门艺术，选择合适的时机和策略，不仅能帮助我们获得满意的薪资，还能提升我们在公司中的地位和价值。然而，由于缺乏经验和技巧，很多人常常在不适宜的时机或采用不当的方式提出涨薪要求，结果适得其反。因此，想要增加收入，要把握时机，并慎重选择切入点。

> 小程是一位软件工程师，他在公司工作了三年，积累了丰富的开发经验。最近他发现，自己的薪资明显低于市场水平，这让小程非常不满，思来想去，他决定找老板谈涨薪。
>
> 那天，他直接走进老板的办公室，情绪激动地表达了自己的想法，并要求马上加薪。但是，老板当时刚刚得知公司在某个项目上竞争失败，失去了一个重要的长期客户，正在为下个季度的业绩发愁。结合公司当前的经济状况和小程的态度，老板当时就拒绝了他的请求。
>
> 小程感到非常失望和愤怒，认为公司不重视他的贡献。几天后，他便负气提交了辞职信，决定离开公司。

小程的经历告诉我们，选择合适的时机和方式与老板谈薪资至关重要。那么，什么时候谈薪资才能获得比较高的涨薪可能性呢？

1. 年度绩效评估后

这是公司评估员工表现和决定薪资调整的重要时机，如果在绩效评估中表现优异，向老板提出涨薪请求就变得顺理成章，因为我们可以利用自己的绩效结果和过去一年的工作成就来作为谈薪的资本。

2. 公司业绩良好时

公司业绩良好、财务状况稳定时，是提出涨薪请求的好时机。此时，公司更有可能有预算并且愿意调整员工的薪资。所以，我们要经常关注公司的财报和业绩公告，了解公司当前的财务状况和发展前景。

3. 项目成功后

在完成一个重要项目并取得显著成果后提出涨薪请求，能提高成功的概率，因为我们可以用具体的案例和数据证明自己的价值。

除了把握时机，掌握一定的谈薪技巧也非常重要。大多数公司都不愿意轻易给员工涨薪，因为这意味着用工成本的增加，而且如果非常容易就涨薪，一定会影响更多员工提出类似要求，不利于公司的长久稳定和管理。因此，我们一定要将涨薪的需求说得更加合理，展现出涨薪的必要性和合理性。

> 小柳是一家广告公司的创意负责人，他在公司工作了四年，带领团队完成了多个成功的广告项目。最近，公司刚刚做完一个大项目，业绩大幅提升，小柳决定利用这个机会向老板提出涨薪请求。
>
> 他先收集了自己在过去一年中的工作成果和项目数据，准备了详细的报告。接着，他了解了市场上类似职位的薪资水平，确保自己的涨薪请求具有合理性和竞争力。在与老板的谈话中，小柳冷静而自信地展示了自己的贡献和数据，强调了自己在公司业绩提升中的重要作用。此外，他还表达了对公司未来发展的信心和愿景，表示愿意继续为公司做出贡献。
>
> 老板对小柳的表现和贡献非常认可，也认为小柳对公司这么有信心，一定愿意在公司长久做下去，具有老板最看重的"稳定

> 性"。所以，经过讨论后，老板爽快地同意了他的涨薪请求，还暗示他将来有机会升职成为总监。

像小柳一样，懂得谈薪的技巧，提前进行充分的准备，用数据为自己说话，才更有可能把握涨薪机会，甚至为未来赢得更多晋升的可能。所以，我们要掌握一些谈薪技巧，才能让老板高高兴兴地答应我们的请求。

1. 准备充分的资料

在与老板谈薪资之前，准备充分的资料是成功的关键，我们可以通过以下几个方面准备：自己的工作成果展示、市场上的同职位薪资水平对比，以及自身的职业规划和发展路径。

首先，通过收集自己在过去一段时间中的工作成果和项目数据，用具体的数据证明之前的贡献。其次，总结岗位技术及在市场中的竞争力，说明自己的不可取代性。最后，准备一份详细的职业规划，展示职业目标和发展路径，强调自己的价值和潜力。通过准备充分的资料，我们可以在谈话中更有底气和说服力，提高谈判的成功率。

2. 保持冷静和自信

在与老板谈薪资的过程中，保持冷静和自信是非常重要的。比如，前期我们进行了充分的准备，这能增强我们的底气和说服力。如果担心谈薪资过程中表达有问题，我们可以先找朋友进行模拟谈话，练习回答常见问题和应对不同情境，提升表达能力和自信心。当准备妥当之后，一定要保持积极的心态，相信自己的价值和能力，不要因为一次失败而气馁。通过保持冷静和自信，我们可以在谈话中更好地展示自己的价值和优势，提高谈判的成功率。

3. 提出的请求要合理

在与老板谈薪资时，提出合理的请求是成功的关键。如果我们有过高的薪资期望，甚至超出了对应的个人能力、市场普遍情况以及老板的预算水平，达成诉求的可能性就会随之降低。

所以，在谈薪之前一定要了解市场上类似职位的薪资水平，我们可以通过招聘网站、行业报告和职业社交平台获取相关信息，确保涨薪请求具有合理性和竞争力。然后，尽可能了解公司的财务状况和业绩表现，评估自己的请求是否符合公司的实际情况。如果希望的薪资涨幅较大，也可以考虑跟领导提出分阶段逐步提升，根据实际贡献和成果阶梯式地评定薪资，这样也能增大提议的可行性和接受度。

谈薪资是一门需要技巧和策略的艺术，当我们选择了合适的时机，结合准备充分的资料、保持冷静和自信的态度，再提出合理的请求时，就极有可能在与老板谈薪资时取得成功，从而实现薪资的提升和职业的发展目标。

第四节 转型时机：如何把握职业转型机遇

职业发展的连续性备受人们重视，在同样的岗位或技术领域深耕十年，与频繁跳槽、转行的十年相比，前者往往具有更高的含金量，这代表此类人士在就业市场上能有更多机遇。所以，在职场上转型是具有很大风险的，有时候这并不意味着更多的可能，反而代表职业生涯的中断，不一定会给我们带来好处。

| 赚钱时机 |

即使是这样，还有人会破釜沉舟地做出职场转型的决定，这是为什么呢？在某个领域具有一定经验的人选择转型，往往意味着这个选择背后的赚钱效应很大。

1. 原方向的发展机会少

选择转型的一方面原因是，在原来的领域发展得不好，或者原行业在走下坡路。比如，我们可能对当前的工作内容失去了兴趣，认为没有新的挑战和成就感，完全没有上进的动力；也可能是行业或职位市场需求发生了变化，导致职业前景不再明朗，竞争加剧，付出与收获变得不成正比。

2. 新方向充满机遇

转型的另一方面原因则是，在新的领域能有更多赚钱或发展的机会，这是一个蓬勃向上的朝阳行业。比如，新技术的发展或国家政策的支持，让部分行业开始迅猛扩张、快速发展，获得了资本市场的青睐，成为资金流入的上游行业。这时加入其中，往往能够带来更多的金钱回报和更好的机遇。

如果是因为以上原因，那么选择转型也意味着选择了机遇，重启职业生涯并不意味着是坏事，反而有可能把握人生的赚钱时机。

> 小张是一名在传统零售行业工作了八年的销售经理，他擅长客户关系管理和销售策略的制定，业绩一直名列前茅。然而，随着电子商务的迅猛发展，传统零售行业面临巨大挑战，公司的销售额逐年下滑，小张意识到，继续在这个行业发展可能会面临职业瓶颈和收入下降的风险。于是，他决定进行职业转型，进入电子商务领域，寻求新的发展机会。
>
> 为了实现这一目标，小张首先进行了详细的自我评估，他明

确了自己的职业目标，即希望成为一名电子商务运营专家，能够独立策划和执行运营策略，提升企业的线上销售业绩。之后，小张也通过市场调研发现这类人才的需求旺盛、薪资水平较高，发展前景比自己之前做销售经理要强得多，这让小张感到很高兴。

确定了目标之后，小张开始学习和提升新技能。他报名参加了一些知名的在线课程，比如某知名电商平台的运营课程、互联网上免费的营销课程等。通过系统的学习，小张逐渐了解了电商平台操作和网络营销的基础知识和实践技巧。在学习过程中，小张还主动寻找一些实战的机会。刚巧，他的朋友开了一家小网店，小张主动为朋友策划和执行促销活动，通过实战积累经验。

此外，小张还寻找了一些电子商务运营和网络营销领域的顾问，获取他们的指导和建议，提升了自己的职业转型能力。通过这些努力，小张最终成功转型，获得了一份电子商务运营岗的工作，并很快适应了自己的工作，收入也大幅提升。

通过小张的转型经历我们可以看到，职业转型的关键在于正确的时机、自我评估、技能提升、项目经验积累等。以下，就是关于职业转型的实战技巧，它能让我们在转型道路上更加顺利，赚取更多的收入。

1. 自我认知：明确目标与现状

在决定职业转型之前，首先要了解自己，这包括明确的职业目标、当前技能水平的评估和兴趣点，以及了解市场需求。通过这种方式，我们可以确定自己是否具备转型所需的基本条件，以及自己需要在哪些方面进行提升。

如果像小张一样希望从传统零售转型到电子商务领域，我们就需要评估自己在电商平台操作、数据分析和网络营销方面的能力。当觉得自己能力不足，可能无法获取或胜任一份新工作时，我们可以先通过课程来提升自己。自我评估不仅能帮助我们明确转型的方向，还能让我们在职业转型过程中更加有的放矢。

这里还有一个非常实用的小技巧，就是在确定了目标之后，我们可以先根据目标岗位在招聘平台上投简历，尽量多面试几家公司，积累自己对这个岗位的了解，这能让我们更深入地领会到市场的需求，然后再根据自己的观察定向地进行自我提升和优化。一般的顺序往往是"先准备，后面试"，但这样往往无法准确地理解用人企业的需求，反而容易导致准备方向出错。所以，不如"先面试，后准备"，这也是一个认识自己现状的好方法。

2. 内部转型：利用机会提前参与项目

如果我们想在公司内部进行岗位转换，就一定要利用好公司的优势。

首先，我们要注意内部转岗的规则，了解公司内部的权力结构和政治环境，确保转型不会引起不必要的冲突。平衡好现有工作与转型准备之间的关系，确保当前职责不受影响。

其次，我们可以与直属上司和相关部门负责人进行沟通，表达自己的转型意愿和准备情况。利用在同一家公司的机会，主动参与和目标岗位相关的项目或任务，积累实际经验。提前接触相关的岗位或项目，有实际经验和技术储备，才能让我们的转岗要求有合理性和竞争力，发挥自己"近水楼台先得月"的优势，提高我们转岗的成功概率。当然，"酒香也怕巷子深"，不仅要积累经验，也要适当在公司内部展示自己的能力和成果，积极参加会议和社交活动，增加自己的可见度。

3. 外部转型：技能匹配与人脉拓展很重要

如果想在公司外部进行转型，比如同行业内岗位转换或跨行业发展，就要注意另外一些问题。首先，我们要建立行业知识和对市场需求的认识，了解新行业的基本情况、发展趋势和前景，同时分析新行业的市场需求，确保自己转型之后能得到足够的就业机会。其次，要看新岗位所需的技能是否跟自己的匹配，如果不匹配的话，还需要制订学习计划来建立对口技能。最后，拓展自己在目标领域的人脉，给自己带来更多信息和机会。

职业转型是一个需要时间和耐心的过程。保持积极的态度，面对挑战和困难时不轻言放弃。只要付出努力并且坚持不懈，最终一定能够实现你的转型目标。

第五节　退休时机：怎样提前赚够退休的钱

提前退休，这个梦想听起来似乎遥不可及，但通过精心规划和坚定执行，许多人已经成功实现了这一目标。设定明确的财务目标，并采取一系列有计划的行动，是实现提前退休的关键，而赚到了足够支撑自己退休的钱，则是支撑这一计划的底气。

小孟是一名软件工程师，在他35岁那年，他决定要在50岁之前提前退休。产生这个想法并非偶然，而是小孟思考了很久之后做出的决定，他也将这个想法告诉了自己的朋友老刘。

"老刘，我决定要在50岁之前退休！"小孟一脸坚定地说。但老刘惊讶地看着他，问："你疯了吗？这怎么可能做到？"

小孟笑了笑，说："我已经有计划了，这不是在开玩笑。我仔细思考了这件事，发现它真的有可行性，关键是要有个计划。"

小孟的计划分为三个阶段：增加收入、控制支出和投资理财。

第一阶段，小孟开始利用业余时间开发手机应用，利用他在

| 赚钱时机 |

> 软件开发领域的专业知识,每个月可以额外赚到一笔不小的收入。
>
> 第二阶段则是控制支出,小孟和家人制定了详细的家庭预算,减少不必要的开销。每次购物前,他都会问自己:"这真的是必需的吗?"通过这样的反复询问,谨慎花钱,他冲动购物的次数减少了很多,支出也被控制在了一个合理范围。
>
> 第三阶段,小孟把省下来的钱和兼职收入全部投入股票和基金市场。他花了大量时间学习投资知识,并且每个月进行固定投资,利用复利的力量增加财富。
>
> 十年后,小孟的投资组合已经相当可观,他的财务目标也提前达成。50岁那年,他正式从公司辞职,开始了他梦寐以求的"退休"生活。

小孟的例子并非孤证,很多年纪轻轻就提前退休的人,都是提前设定了目标,并且有计划、有行动的人。当人们不相信这件事时,就不会为了提前退休而产生赚钱的动力和存钱的积极性,思维影响行动,就很难积累足够达成这一愿望的财富。所以,设定合理的目标、长期坚持,我们不是没有机会实现提前退休。

1. 找到适合自己的退休目标

设定一个现实可行的财务目标是实现提前退休的第一步。我们需要评估自己的生活方式、预期寿命和退休后的开销,才能设定一个个性化的、适合自己的退休目标。

(1)计算生活成本

列出所有的日常开销,包括住房、食品、交通、娱乐等。然后,估算退休后每个月的生活成本。

(2)考虑通货膨胀

在计算未来的生活成本时,必须考虑通货膨胀。一般来说,可以假设每年的通货膨胀率为 2% 到 4%。

（3）设定储蓄目标

根据计算出的生活成本，设定一个储蓄目标。这包括需要的总金额以及每个月需要储蓄的金额。比如，假如我们每个月的生活成本为 5000 元，考虑到通货膨胀，未来每个月需要 6000 元，计划退休后生活 30 年，那么需要的总金额为 6000×12×30＝216 万元。

2. 根据目标制订计划

在设定了明确的财务目标后，我们需要制订一个详细的计划来实现这个目标。这包括增加收入、控制支出和投资理财，用一句话总结，就是"开源节流，投资增长"。

（1）增加收入

寻找额外的收入来源，例如兼职工作、创业或投资。

（2）控制支出

制定详细的家庭预算，减少不必要的开销。

（3）投资理财

通过合理的投资，利用复利的方式实现财富增长。

3. 如何实施赚钱计划

实施计划需要坚定的执行力和持续的努力，还需要不断调整和优化自己的策略，以确保计划顺利进行。

在过程中，我们要不断学习新的技能和知识，提升自己的竞争力，同时积极寻找新的收入来源和投资机会。最重要的是，策略不是一成不变的，我们可以定期评估自己的财务状况和计划进展，及时调整方向，这样才能顺应行业和社会的发展。

4. 评估是否达到了退休时机

如何确认自己是否达到了退休时机呢？这需要评估自己的财务状况和生活储备，确保有足够的储蓄和收入来维持退休后的生活。

首先，评估财务状况，确认自己的储蓄和投资组合足够支持退休后的生活。其次，确认收入来源，最好有稳定的被动收入来源，例如租金、股息等。最后，做好退休后的心理和生活上的准备，确保能够适应新的生活方式。

提前退休并非遥不可及，只要设定明确的目标，采取有计划的行动，就可以实现这一梦想。通过评估适合自己的财务目标、制订详细的计划、坚定执行并确认达成标准，我们就可以加速财富积累，提前享受退休生活。

第五章

财务管理创造稳定盈利

第一节 财务规划带来财富增长

一提到财务规划，有人会立马想到"攒钱"，有人会下意识认为这是有钱人才需要做的事情，还有人会认为财务规划"很麻烦""很复杂""风险还很高"。

这些都是对于财务规划的错误认知，财务规划并不只是攒钱这么简单，也不是只有富人才需要用到。不论贫穷还是富有，财务规划都是一件伴随人生的大事，是每个普通人都应该掌握的一项技能。它不但能帮助我们合理地规划日常收入、支出，还能增加额外收入，实现远期的财务目标。学会了这项技能，金钱便不再是只能"攒着"的东西，而是成为一种实现财富增长的工具，让我们的生活更加轻松。

在人生的不同阶段，收入水平会有很大差异，消费支出结构会有很大不同，人生的目标也会随着年龄的增长而发生改变。我们要在不同的人生阶段，采取差异化的财务规划方案，以适应每一个阶段的人生目标，并抓住机会，实现财富的积累和增长。

1. 独立生活的开始期（20～25岁）

这是很多人刚刚离开父母、步入社会，进入职场并开始独立生活的年龄段。这个时期的年轻人处在尚无稳定收入、收入偏低或者当前的职业还不够稳定的阶段。此外，他们还处在热爱追求新鲜事物，较为虚荣的年纪，手里没有存款也未养成财务规划的意识，金钱意识还未形成，常常出现"月光"的情况。

所以此时的财务状况简单基础，财务规划的主要任务是养成每月固定储蓄的习惯，改掉无节制的花钱习惯。

（1）形成理财意识

理财意识越早培养越好，最好是从获得收入的第一个月开始。积累第一桶金在这个阶段非常重要，它决定了未来理财投资的规模。

（2）养成记账的习惯

从最简单的记流水账开始，逐渐建立记账的习惯，才能对金钱有"出"和"入"的认识。想早点积累理财的本金，就是要从"开源"和"节流"两方面入手，记账能帮助我们清楚地看到平时买了哪些没必要的东西，也就能更好地控制开支。

（3）尝试低门槛投资产品

由于这个阶段的闲钱比较少，可以先试试将日常开支放置在流动性强的投资产品里，结余资金则可尝试小份额的基金定投等投资方式。

2. 快速成长期（25～30岁）

这一时期，我们在职场已经有了3年至5年的工作经验，对自己的未来有了一定的规划，无论是职业规划还是人生规划，都设定好了初步的目标。因此在财务方面，也要配合着买车、买房或是结婚生子等计划，制定相应五年内的财务规划目标。

这个年纪，我们不再是冲动的青年，而是逐渐稳重下来，清楚自己的收入状况与消费模式，也基本能够坚持长期的理财计划，此时的首要任务是控制支出、强制储蓄，开始计划中长期投资。

（1）理性消费保证积累

很多人在这一阶段来到了财富累积的第一个分水岭，容易形成人群差异，是"月光族"还是"小有积蓄"，关键在于个人对财务的规划与执行情况。因此在这个时期我们还是要理性消费，可以开始购买一些定期投资产品，强迫自己把月收入的20%以上留存下来。

（2）做中长期投资计划

从财务需求来说，这一阶段的硬性支出偏低，最适合开始为期3年至5年的投资计划，确定投资目标，选择合适的理财产品并积累投资经验。

（3）投资自己

无论是进入职场还是自己创业，保持终身学习是获得财富的必要途径，趁着年轻，抓住快速成长期的时机，拿出收入的10%投资自己，用于提高学历或者掌握更多对自己的职业发展有益的技能，为即将到来的30岁上升期做好铺垫。毕竟职业的高度直接决定了未来几十年的收入水平。

3. 人生黄金期（30～40岁）

这一时期是我们人生的黄金期，虽然已不再年轻，但是却更加成熟。这一时期大部分人已经步入婚姻、成为父母，在职场中是中坚力量、业务骨干，收入较高。这个时期也是财富快速增长的黄金期，此时最重要的任务是优化资产配置结构，实现财富稳定增长，完善家庭保障。

（1）管理好现金流

以家庭为单位管理好现金流至关重要。首先，制定详细的家庭预算，明确每个月的收入和支出，确保支出不超过收入。其次，建立紧急储备金，通常建议至少有3个月至6个月的生活费用，以应对突发情况。最后，一定要规划好家庭的各种借贷，比如房贷车贷、消费贷款或者信用卡账单等，科学地规划才能让家庭现金流健康。

（2）做好资产配置

评估家庭的风险承受能力和财务目标，包括退休规划、子女教育等。根据风险偏好，将资产分配到不同的投资组合中，如股票、债券、房地产和储蓄账户。多元化投资可以有效降低风险，提高收益。此外，定期评估和调整资产配置，能够确保投资组合与家庭的财务状况和目标保持一致。

（3）准备子女教育金

有孩子的家庭，子女教育金将是未来整个家庭的重要支出，需要及早规划和持续储蓄。首先，估算未来教育费用，包括学费、书本费和生活费等，根据计划选择合适的储蓄和投资工具，如教育储蓄账户或其他专门用于教育的投资产品。其次，定期储蓄并利用复利，可以有效积累教育资金。

有一对30多岁的小夫妻，他们的孩子刚刚出生，家庭月收入为2万元，以下是他们每个月的消费支出以及相应的财务规划。

1. 管理现金流。对每个月可以自由支配的资金进行计算：可支配资金＝家庭总收入（20000元）—养育费（3000元）—生活费（2000元）—固定开支（3000元）＝12000元。那么这个家庭每个月可以自由支配的资金就是12000元。

2. 做好资产配置。他们将这部分可支配资金进行了合理的配置，分为子女教育储备、紧急储备、高风险投资、中低风险投资四个部分。

子女教育储备金：每月2000元。

家庭应急储备金：普通存款，每月 1000 元。

高风险投资：股票、部分激进型理财产品，每月 3000 元。

中低风险投资：储蓄型保险、债券基金，每月 6000 元。

3. 准备子女教育金。对于每月 2000 元的子女教育储备金，他们也有详细的规划，并不是简单地将钱存起来。他们设立了专门的教育储蓄账户，每月定期存储 1000 元。另外一部分则是购买教育保险，从孩子刚出生便开始缴存，计划存到孩子 18 岁，也能收到一份可观的利息回报。

4. 稳定期（40~55岁）

经过年轻时的打拼，大部分普通人已经有车有房、儿女双全且收入水平已经达到了较高的阶段，生活也已定型。但同时，这些收入也要用于赡养上一代和抚养子女，资金压力同样不小。

（1）避免资产结构单一

这个阶段正是上有老下有小的时期，支出比例大，任何资产集中投放在一种理财方式中都会增加系统风险，建议规划一套合理的资产配置。

（2）保证一定的投资收益

在投资方面，应该求"稳"不求"多"，控制家庭投资组合的整体风险，做到攻守兼备。

（3）给自己存退休金

考虑退休后养老金是否充足的问题，我们可以提前做些准备，通过商业保险和固定资产收益来增加自己退休后的保障。

5. 养老期（55岁以上）

到了退休的年纪，收入将逐步减少，然后趋于平稳，收入大部分来源于退休金和理财收入，相应的开销也会减少，但要考虑未来可能出现的大额疾病治疗的支出。到了这个年纪，我们无须再追求高风险高收益的投资，不管是在个人生活还是在投资目标上，都应该以追求生活的平稳、安定为主，所以应当主要配置低风险的防御性投资。

在不同的年龄阶段，财务规划的重点也要有所调整。只有这样，我们才能做好财富增长和抵抗风险的准备，打好家庭财务管理的"组合拳"。

第二节　储蓄：把握存钱与投资的时机

在个人财务管理中，储蓄和投资是两个关键的组成部分。储蓄为我们提供了财务安全和应急资金，投资则是实现财富增值和长期财务目标的主要手段。

在生活中，经常有人无法分清"储蓄"和"投资"的界限，什么时候应该存钱？什么时候可以把钱拿来投资？把钱存在银行就算作储蓄吗？如果我们混淆了储蓄和投资的概念，找不准存钱和投资的时机，就很容易导致自己的资金规划失效。要么在急用钱的时候面临没有流动资金周转的窘境，要么让大额资金躺在银行卡里随着通货膨胀贬值。解决这些问题，就需要我们理解储蓄与投资的关系。合理配置两者，可以帮助我们在不同的经济环境中实现财务自由和稳定。

1. 储蓄：应急储备和实现短期目标

储蓄是指将收入的一部分存入银行或其他安全的地方，以备未来使用。储蓄的主要目的是留存应急资金，确保在突发事件（如失业、疾病或意外支出）发生时能及时拿出足够的资金来应对。一般情况下，储蓄是为了实现三个目的。

（1）建立应急资金

储蓄的目的是应对日常生活中的突发事件，一般建议金额为 3 个月到 6 个月的生活开支。应急资金应存放在流动性高且安全的账户中，如活期存款或随时可取的货币市场账户。

（2）实现短期目标

储蓄还可以用于实现短期目标，如购房首付、教育费用或旅行。这些目标通常在 1 年至 3 年内实现，因此需要较高的资金安全性和流动性。

（3）提供财务安全感

这部分储蓄的金额因人而异，主要是为个人提供财务安全感，减少我们的财务压力和焦虑。如果收入较为稳定且短期内无大额支出计划，就可以减少这部分储蓄；反之则可以增大储蓄，让我们在面对突发事件时游刃有余，可以避免依赖高利率的借款或出售投资资产。

2. 投资：实现财富增长和长期目标

投资是指将资金投入具有增长潜力的资产中，以期获得增值和收益。增值性和长期性是个人或家庭投资的特点，投资往往是为了完成较长周期的财务目标，如退休规划、教育基金和财富传承。主要可以归纳为财富增值和实现长期目标两个目的。

（1）财富增值

通过投资，资金可以跑赢通货膨胀，从而实现滚雪球式的财富增长。常见的投资工具包括股票、债券、房地产和基金。但投资的回报通常伴随着一定的风险，高风险投资（如股票）可能带来高回报，但也可能导致损失；低风险投资（如债券）回报较低，但相对稳定。

（2）实现长期目标

投资是实现长期财务目标的主要手段，例如退休规划需要通过长期投

| 赚钱时机 |

资来积累足够的财富,以维持退休后的生活质量。如果仅仅依靠储蓄来实现长期目标,意味着我们将常年有大量资金储存在低利率的活期存款等账户中,资金在这种情况下很难跑赢通货膨胀,资金在无形中就会不断贬值了。

储蓄和投资在财务管理中是相辅相成的。储蓄提供了安全性和流动性,而投资则带来增值和收益。合理配置储蓄与投资,可以让我们尽快实现赚钱目标,让个人财富迅速增长。

实际操作中,首先,需要注意资金分配,根据个人的财务状况和目标,将收入合理分配到储蓄和投资中。一般建议先建立应急基金,再进行投资。其次,注重风险管理,利用足够的储蓄为投资提供风险缓冲。在投资出现亏损时,储蓄可以提供必要的资金支持,避免因投资失败而陷入财务困境。最后,把握好时间与目标的关系,根据不同的财务目标和时间跨度,选择合适的储蓄和投资工具,短期目标适合储蓄,长期目标适合投资。

小王是一名30岁的白领,每月除去开销后能存1万元。他希望在未来5年内买房,并在60岁时实现财务自由。为了实现这些目标,小王制定了以下财务规划。

1. 建立应急基金。小王将每月存款的20%(2000元)存入应急基金账户,直到积累了6个月的生活开支(6万元)。应急基金存放在流动性高且安全的货币市场账户中。

2. 储蓄购房首付。小王计划在5年内购买一套总价为100万元的房子,首付为30万元。他将每月存款的30%(3000元)存入购房储蓄账户。假设储蓄账户的年利率约为2%,5年后,小王将积累18万至19万元。为了达到30万元的目标,小王还计划每年将年终奖的一部分存入购房储蓄账户。

3. 长期投资。小王将每月收入的30%(3000元)用于长期投资。他选择了一些风险适中、回报稳定的投资工具,如国债、定期存款或债券基金组合。假设平均年回报率为5%,30年后,

> 小王的投资账户将积累约 240 万元。
>
> 　　4. 财务自由规划。小王希望在 60 岁时实现财务自由，假设退休后每月需要 1 万元的生活费。通过长期投资的复利增长，小王预计在退休时可以积累到足够的财富，以维持退休后的生活质量。
>
> 　　通过以上规划，小王实现了储蓄与投资的平衡，既保证了短期的财务安全，又为长期的财富增值打下了基础。

　　明白了如何配置储蓄与投资，又该怎样选择合适的时机，才能让我们财富实现增值呢？对于储蓄，我们要把握好两个赚钱时机。

1. 年初

　　年初是理财的好时机。拿到年底奖金和春节红包的我们，可能已经积累了一些现金。如果在年初将这些额外的现金存入银行，我们就可以早早开始享受复利的好处。并且，从年初开始存款，也可以更好地规划一整年的财务目标，更有效、更准确地跟踪自己的储蓄进度。此外，年初也是银行调整利率的窗口期，由于年初各大银行会制定年度业绩目标和业务考核指标，为了开展工作，银行有可能会提高存款利率，来吸引大量资金流入，这为我们提供了一个相对较高的存款利率时机。

2. 年末

　　年末是对自己这一年来财务状况进行审查的好时机，我们可以从收入、支出、储蓄三个角度进行检查，确定是否需要调整财务规划。如果储蓄额没有达到年初的目标，就可以在年末加大存款额，以确保在新的一年里有足够的资金来支持自己的财务规划。

　　同样地，年末也是银行考核全年任务完成情况的时候，为了完成年度

| 赚钱时机 |

存款目标，银行会推出各种吸引存款的措施，比如提高存款利率、赠送礼品、推出理财产品等，以吸引更多的储户增加存款。因此，在这段时间内选择存款，也能获得更多的回报。

而投资时机很难用一两句话讲解清楚，但总的来讲，即使是同样的市场，入场时机不同，赚钱能力也是不一样的。投资时机可用"低吸高抛"来概括，不管是股票、房地产、基金，还是具有投资属性的消费品，比如黄金、宝石、奢侈品等，都要在相对低估的情况下，以低于市场价买入，再在相对高估的时候卖出。如果能做到这一点，就至少能避免许多"高位入场、尴尬接盘"的问题。同样，分散投资、降低风险，确保投资组合的稳定性和回报，也是我们在投资时应该注意的。

此外，我们更应该关注的是，从哪一个年纪开始投资？答案是越早越好，投资赚钱的最好时机就是当下。有一个简单的评估准则是，当年龄越小、本金越少，意味着财务风险越低、储蓄压力越小，可以将较高的比例用于投资账户；随着年龄逐渐增长，对短期应急资金的需求也会逐渐增加，对风险的厌恶也会加重，这时就可以逐渐将储蓄的比例调高，投资比例减小。

通过以上方法，我们就可以实现储蓄与投资的平衡，确保短期财务安全和长期财富增值。在不同的经济环境中，合理配置储蓄和投资，可以帮助我们实现财务自由和稳定。

第三节 负债：适当负债，也能赚钱

"无债一身轻"是很多人追求的生活状态，无论是买车、买房还是信用卡消费，好像一旦背上了债务，生活就变得十分沉重。不过，用理财思维来看，如果我们对自己的收入和支出能够合理把控，就不必追求每月必须存下钱，在风险可承受的范围内，适当负债还可能会帮助我们赚取额外收入。

当然，合理的负债首先要分得清债务的好坏，专业术语称之为"良性债务"和"不良债务"。良性债务是指那些能带来长期收益或增值的债务，比如买房作为投资性质的行为，通常被视为良性债务，尤其是在房地产市场稳定或上升的情况下。不良债务则是那些不会带来长期收益，甚至会增加财务负担的债务，像是一些用于非投资目的的消费债务，特别是在经济能力不足或市场不稳定的情况下，就会被视为不良债务。

> 小孟和小张都拥有100万元现金，他们同时在某小区买了住房。小孟将100万全部拿出，全款买下一套房，心里非常轻松，因为没有背上一分钱的债务。而小张却只按照最低首付比例，以每套付30万元的首付款买下两套房，并额外向银行贷款140万。这两套房一套用来自住，一套用来出租，剩下的40万元以及房屋出租的收益，除了作为每月的月供之外，还满足了两套房子装修的需求。
>
> 两年后，这个小区的房价涨到了150万元，此时小孟的家庭资产是150万元，小张则趁着这个机会卖掉其中一套房子，变现了150万元现金。小张利用这笔钱，提前还掉了剩余的一百多万元贷款。此时他的家庭资产除了一套价值150万元的房子外，还额外收益了几十万元。

其实，越有钱的人越喜欢"借钱"。普通人积累财富的套路大多是这样的：拼命工作赚工资，拿到工资后留下日常花用的钱，其余都存起来。人们把辛苦赚来的钱都存进银行，不敢理财，更不敢冒险投资。而那些已经成功的富人，他们的赚钱逻辑却完全不同：他们不仅努力工作赚收入，还会大胆向银行借钱，通过合理负债来让钱"生"钱，轻松实现财富增长。富人懂得借助银行和别人的钱为自己服务，从而走上财务自由之路。

我们要掌握正确的负债原则，把握正确的负债时机，变债务为资产，让资金"利滚利"，用良性的债务带来积极的回报。

1. 关注关键比值，维持良性负债

适度负债的关键是把握"度"，具体可以从以下三个指标来判断自己的债务是否维持在良性循环的状态，是否处在适度负债的底线之上。

一是关注消费比例。每月的总消费与总收入的比值应维持在40%～60%，这个数值越低也就意味着能有更多的收入积攒下来用于投资或偿还债务，有利于资产良性发展。

二是负债比例。我们通常所说的负债比例，就是用负债总额除以资产总额，看负债在占据总资产的比值有多大，通常在有房地产等固定资产的情况下，负债比例在30%到80%之间。根据计算对象的当前收入和未来收入的增长潜力以及年龄范围不同，负债比例的安全范围也不一样。概括来说，一个人越年轻，未来的预期收入增长潜力就越大，稳定性就越好，负债比例就可以设定得越高。

三是贷款安全比率，即每月偿债现金额与每月净现金收入的比值。按照较为安全的标准，这个比值的安全上限应该小于20%，如果是有房贷的家庭可以放宽至35%。不过，当比值低于10%时，就说明我们可能持有过于保守的投资理念，没有利用适当负债，撬动更多的财富收入。我们习惯用自己的钱来投资，但有限的资金量总会限制投资规模和收益，这时候我们可以考虑适当增加负债。而当比值大于50%，则表明债务危机即将来临，会给自己的正常生活带来较大的压力。

2. 降低利息成本，利用免息条款

借钱也有讲究，不同的贷款利率将会带来截然不同的结果。比如普通的信用贷款一般按照标准利率执行，或者相对于标准利率稍微上浮一点。如果是买首套房，那房贷利率通常会有优惠，这样就比较划算。反观信用卡消费或者现在流行的网贷，年利率可是比普通信用贷款高得多。所以，借钱时一定要考虑高利息带来的高成本。

还款时也要有策略，我们要优先还利率最高的那部分借款。至于那些利率低于预期投资回报率的借款，则可以稍微缓一缓，不必急着提前还款。这样一来，我们就能更聪明地管理自己的债务，减少不必要的支出。此外，很多银行机构会推出各种带有免息期限的贷款优惠政策，我们可以多多关注这方面的信息。

如果合理计划并严格按期执行，运用好这些政策，我们就可以形成良好的循环，在投资过程中降低成本。

3. 控制投资风险，慎防不良债务

只要是投资便存在风险，如果我们用自己的钱进行高风险投资，最坏的情况就是将本金赔掉。可如果是一边负债，一边又将资金投到高风险领域，一旦投资失败，负债很可能会变成掏光家产的不良债务。所以我们在进行负债投资时一定要学会评估投资的风险。

第一，要考虑投资某个项目的周期有多长，越是长期投资越要谨慎。因为时间越长，我们需要承担的贷款利率就越高，投资这个项目就越不划算。而且在获得投资回报之前，需要我们持续使用现金偿还贷款利率，这很有可能使我们在获得收益前先赔掉了大量资金，所以投资周期越长越要谨慎。

第二，同时考虑风险系数与投资回报率，切忌因为蝇头小利而冒险，只有高回报率才值得我们冒高风险。

第三，用专项资金操作有风险的投资。切忌赌徒心态，看到高收益的投资就忽视风险将全部身家押上。例如股票、期货等高风险的投资，我们应该只拿出一部分专项资金进行操作，哪怕失败，也只是赔掉这一部分钱，而不会影响整体的财务情况。

4. "好借好还，再借不难"

债务就像雪球一样，如果不按时还款，利息会越滚越大。只要我们每次都按时还款，银行会提升我们的信用记录，正所谓"好借好还，再借不难"。

适当的负债还能提升信用资产。信用其实是一种无形的财富，很多人却常常忽视它。向银行借钱的次数越多，且每次都能按时还本付息，我们的信用评分就会越来越高。这样一来，未来能借到的钱也会更多，利息也会更低，慢慢地，我们就建立起了良好的个人信用资产。

总的来说，想要通过适当负债来赚钱，首先就要分清良性负债和不良负债，把握负债比值的底线。同时，我们还要注意，还债先还利息高的，举债要考虑投资期限和投资风险。掌握了这些知识，我们不仅学会了理财，更懂得了如何理债，这样人生就会朝着越来越富有的方向发展。

第四节　股票：长期持有还是及时止损

股票是一种让人又爱又恨的投资方式，无数人在这里实现了财富梦想，也有无数人在这里折戟沉沙，血本无归。股票市场向来是高风险与高回报并存的投资领域,很多初入股市的"小白"会特别关心几个问题,如何预测股市的涨跌?股票何时买入,何时抛售?股票应该长期持有还是及时止损?

其实这些问题并没有一个统一的标准答案,因为每个人投资股票的本金不同,抵御风险的能力也不同,哪怕是买入同一只股票,不同的购入时间也会带来不同的结果。无论是大盘还是单只股,正确预测点位或者价位都是不可能的事情,即使某一次预测正确,也只可能是偶然的运气好。毕竟就连"股神"巴菲特都说:"我不会预测未来的股票走势、利率和经济趋势。过去、现在或将来,都不会预测。"

所以,我们没有必要去预测股市短期的趋势走向。那么,我们又该如何把握时机,操作股票呢?作为没有资本运作能力的普通散户,我们要放弃对股票短期波动的关注,关注企业的基本面,有针对性地对股票背后的企业进行了解和研究,就会达到更好的投资效果。对于选股,我们可以从以下几个方面把握时机。

1. 在行情差的时候选股

股市行情好的时候,整个大盘都在上涨,此时难以分辨单只股票的好坏。而好的股票,往往在行情不好的时候表现突出。所以我们要保持冷静,在"牛市"来临之前选中几只潜力股,在低价时提前买入。

2. 在产生"洼地效应"时选股

最近一段时间,我们可以在经济学的相关分析中看到"洼地效应"这个词汇。"洼地效应"是指在市场中,某些资产或股票的价格相对较低,具有较大的上涨潜力,就像地势低洼的地方容易积水一样。这些被低估的资产一旦被市场发现并认可,其价格往往就会迅速上涨。在股票市场中,这对应着选择未来大有前途,但目前还未被世人察觉的"洼地"潜力股。

我们需要选择财务状况良好,盈利能力强且负债率低的公司。同时,也要关注行业的发展前景，选择那些具有长期增长潜力的行业。比如，有一些行业虽然不受关注，业内的企业估值较低，但是该行业的内容关乎日常生活必需品，像粮油、农业、医药等股票，这些都是可以长期发展且不会因为经济周期或其他原因退市的产业。此时，如果该企业的财务状况和发展预期良好，其股票估值又比较低，就属于价值"洼地"，具有投资价值。

我们还可以选择一些大环境支持的行业，如新能源、科技创新等。虽然部分创新企业在刚起步时，股价可能存在不稳定性，但只要符合社会发展的需求和政策引导，将来就一定会有所发展，值得我们耐心地进行长远布局。

"股神"巴菲特投资可口可乐公司绝对是一个非常成功的决策。1988年夏天，在经过深入的研究和考察后，他开始首次购入可口可乐的股票，随后的10个月的时间里，巴菲特总共投资了10.23亿美元来购买可口可乐的股票，平均成本为10.96美元/股。这个投资决策主要基于以下几个方面的考虑。

一是行业稳定性和前景。巴菲特认为饮料行业在未来有着巨大的潜力，因为人们对于饮料的需求是持续且稳定的。

二是企业竞争力。可口可乐是全球最大的饮料公司之一，具有强大的品牌影响力和广泛的分销网络，这使得它在竞争中占据了优势地位。

三是管理层的才能和可靠度。唐纳德·基奥曾任可口可乐公司的首席执行官，他的领导能力和对公司的热爱深深打动了巴菲特。

四是公司对股东的态度。巴菲特注意到可口可乐公司一直在提高分红，这体现了公司对股东权益的重视。

从1988年到1998年的十年间，巴菲特在可口可乐公司的股票增值了11倍，年化收益率达到了27%。这个成功的投资案例再次证明了选择有着强大"护城河"和良好商业模式的公司进行长期投资是非常正确的决策。

3. 在大盘大跌时选股

当大盘大跌的时候，我们可以从起涨阶段的板块中，在最强、最有前景的股票中选择相对而言跌得最少的股票。这样的个股往往是高度控盘且有主力资金在里面的，因此它可以在大盘大跌时还能保持较小的跌幅。当行情变好时，它一般都会有较好的爆发力。但是，我们要注意规避那些在大跌时涨高了的股票，这种情况有可能是主力出货刻意而为，一旦大盘稳定下来，它反而容易出现大跌。

4. 在炒作题材时选股

一些公司为了激发市场人气，会选择披露一些消息题材进行炒作。有些题材的确是真实的内容消息，有些则是空穴来风。我们要学会分析炒作题材，抓住市场反应，选择真正有向好趋势发展的股票。

除了掌握了选股的时机，我们还需要学会抓住股票买入的时机。虽然每个人炒股的资金基础不同、交易习惯不同，但仍有一些具有普遍规律的买入方法，可以参考。

1. 低买高卖

这是股票总体的操作原则，也是在股市赚钱的铁律。但大部分股民总是会在看到股票上涨时才去跟风买入，在好股票下跌时不顾其后的发展潜力纷纷抛售，"追涨杀跌"是很多散户股民亏钱的原因。所以炒股也要做功课，选定几只看好的股票，在大跌时候去买，而不是大涨的时候去买。

2. 试探性买入

这是一种对新手友好的方法。对于不知道如何入股的投资者来讲，比较有借鉴意义。试探性买入的具体操作如下：用手上的部分资金同时买入选好的 5～6 只股票，第二天立即将亏损的卖掉，只保留盈利的部分；当盈利的股票出现回调时，用卖掉股票的回款，加码买进，直到手上只留下 1～2 只持续盈利的股票。

3. 分仓买入

分仓买入是降低投资风险最直接有效的方法。我们将资金分配到不同的股票、行业和资产类别中，来确保自己不会在股市中血本无归。对于已经看好的股票，如果错过了买入点，或者没有支撑位买点，但是又不想错过这么好的股票，也可以考虑分仓布局。分仓买入既不会因为买入价格过高又遇短期回调而产生心理压力，也不会因为错过了行情而内心后悔。而且此方法适合震荡行情及熊市行情，因为风险较低，具有普适性。

4. 选重要的支撑节点买入

股价在有支撑节点的情况下才能形成"止跌看涨"的局面。比如，当股价突破 60 日均线后回踩该均线、达到上升趋势通道的下轨，或者处于撑压位转换的地方等，这些都是可以抓住机会买入的点。趋势的级别越大，在遇到趋势支撑节点后上涨的成功率就越高，所以重要的支撑节点是投资者入场的首选目标。

5. 根据量价买入

因为量价关系能够反映市场需求，股票下跌在相对低位、位置缩量止跌企稳之后，会再次放量上涨，此时是比较好的入场点。特别是在一拨儿行情上涨之后，进入震荡调整行情末端，再次放量意味着行情调整结束，市场有望继续开启新的上升行情。

6. 在右侧交易追涨时买入

这是一种确定性的行情买入法，尤其适用于底部启动阶段的个股，行业板块开始爆发往往能带来巨大的收益，如果底部启动效果不佳，损失也处在可以接受的范围。当股价突破长期盘整的横盘震荡行情时，往往会快速拉起一波行情，股民可以在短时间内赚取较大的收益。

总之，通过股票赚钱是一种具有较高风险的投资方式，它需要投资者了解股票基础知识，熟悉股票市场的基本运作机制，理解宏观经济、政策导向、行业周期、公司基本面等多重因素对股市的影响。最重要的是，我们要有良好的心理素质，能够保持冷静，避免冲动决策。

第五节　基金：该出手时就出手

储蓄投资风险小，但获利少；股票投资获利多，但相应的风险也高。如果要问有没有一种投资方式能够取长补短，将储蓄与股票的优势集合在一起，那便是基金了。基金是一种通过集合众多投资者的资金，由专业的基金管理公司进行投资管理的金融工具，这笔资金可以投资于股票、债券、货币市场工具、房地产等多种资产类别。投资者通过购买基金份额，间接持有基金所投资的资产，分享投资收益，同时也承担相应的风险。

基金投资投入门槛比较低，但收益跟股票市场挂钩，所以回报相对较高，整体的风险和收益得以平衡，比投资股票市场更适合普通投资人。当然，这世界上没有百分之百获利的投资，也没有只赚不赔的买卖，基金投资也绝不是无风险的收益方式。市场下跌、基金公司操作失误等各种原因

| 赚钱时机 |

都会造成基金亏损。面对基金亏损,有一个稳定的好心态十分重要,因为基金应该以长期投资和基金定投的方式操作,而不是像股票一样,频繁买入卖出。

> 邓先生是某地一个小房地产公司的老板,2016年在某银行工作人员的推荐下,他投资100万购买了一只消费主题的基金产品。由于邓先生年纪较大,且资产雄厚,这只基金在买入后就再也没有被关注过,直到后来完全忘记。
>
> 几年过去,当时银行的基金销售人员早已离职,直到2020年,银行的新职员在梳理客户产品情况时,这笔投资才像隐世多年的宝藏一样被重新发现。
>
> 邓先生再次接到银行电话,听到这个消息后,他很是震惊。他确实把这笔投资忘得一干二净,而此时这个基金已变成了300多万,4年多的时间,本利和达到了原来的3倍!

人们总说财富更青睐"有钱人"。但对于基金投资来说,财富似乎更偏爱"健忘的人"。据统计,通过基金投资赚大钱的往往是这三类人:一类是自己太健忘,买完就忘记了;一类是密码忘记了,种种原因没去"重置";还有一类是惹上了官司,账户被冻结了。或许,对于投资来说,"健忘"并不是件坏事,不要过于纠结一时半会儿的涨与跌。放平心态,长久持有,才是财富增长的关键。

那么,投资基金,到底什么时候买?买,怕高位买进被套住;不买,又怕基金增长错过机会。事实上,基金的购买没有股票那么复杂,该出手时就出手,或者干脆选择定投的方式。当我们拉长了投资的周期,在股市涨跌的完整波段内进行少量多次的买入,就能降低单次买入的影响,享受长期的投资收益。除此之外,还有三个"时机点"需要我们牢牢抓住,以帮助我们从基金投资中获利。

1. 基金转换投资的时机

在基金投资的旅途中，时刻关注基金净值与证券市场波动的关系至关重要。根据基金组合的每日涨跌，基金净值也会发生变化。当基金净值在一段时间内一直降低，往往意味着股票市场处于下跌周期或低迷状态，这时，我们可以拉长周期适当地投入资金，在较低的基金净值下，同样的投资能买入更多份额。同样，证券市场在短期内冲到了较高的点位，基金净值也会上涨，我们可以适当地将部分基金赎回，转换成货币基金或者国债、现金等，这样就能锁定这部分市场收益，做到"落袋为安"。

2. 基金申购、赎回费率上的时机

在进行基金转换时，除了根据证券市场的涨跌来判断基金转换的时机，也要考虑申购、赎回基金时的费率。比如，大部分基金申购都有一定的手续费，但由于买入平台不同和基金公司的差异，一些相似基金的手续费可能相差较大，我们可以在对比后选择手续费更低的基金进行申购。同样，基金需要持有一段时间才能降低赎回费率，而费率的规则也各有不同，我们在买入时就应该看清楚，尽量在费率最低的时候再赎回或转换，才能节省手续费。

3. 场内交易和场外申购的时机

对于场内交易基金，投资者可以实时关注市场价格和基金净值的波动，利用价格差异进行套利操作。这种方式灵活性高，适合短线操作和频繁交易的投资者。而场外申购基金则需要投资者更多关注市场的整体趋势和基金净值的变化，选择在市场高点或低点进行申购或赎回，以实现最佳投资收益。

场内交易和场外申购之间，还有一种"套利"方法，深受基金投资者关注。套利主要利用了基金净值与市场价格之间的差异。比如，场内交易基金在证券交易所上市交易，其价格由市场供需决定，可能会出现溢价或折价现象。当场内基金的市场价格高于其净值时，投资者可以在场内以高价卖出原本持有的场内基金，同时在场外申购相同数量的基金份额，然后，将申购的场外基金转到场内。这样一来，在场内总持有的基金数额不变，但投资者通过一买一卖赚到了溢价。

当前市场，越来越多的新投资者开户加盟，许多股民在看到基金平衡稳健的优点后纷纷转投基金，使整个基金市场的规模迅速壮大，基金产品的数量和规模也呈现指数式增长。想要从海量的基金产品里优中选优，就需要掌握一些针对基金的评估法则。我们可以从以下三个方面进行考察。

1. 考察基金经理

购买一只好的基金产品，首先要寻找一位好的"掌舵人"。基金经理的个人风格决定了他的投资行为，也会影响每个基金的运作和业绩，最终导致我们的收益不同。

我们可以从他的专业经验和背景、长期业绩表现、风险管理能力等几个方面进行考察，一个经验丰富、具有深厚专业知识的基金经理更有可能实现优秀的投资业绩。他的业绩应该在长期内实现稳定的增长，而不仅仅是短时间内表现突出，同时他能有效地控制投资组合的风险，以避免在市场波动时遭受重大损失。

2. 考察基金的分红能力

很多人倾向于基金投资而不是股票，主要是看中它的稳健。所以选择基金时，可以尽可能关注一些长期、稳定的产品，最好有持续的分红。很多稳健的投资者，只会购买老牌基金经理长期经营的基金，当一个基金有五年以上的长期业绩，且持续由一位基金经理来掌管时，我们就能看到它在市场的不同阶段表现，评估它的风格并判断是否适合自己。作为一种专业理财产品，好的基金不像股票，不追求短时间的暴涨，而是强调持续性。长期的缓慢增长才能让投资者的收益最大化，做到既给投资者随时加入的机会，又能保障大家的资金增值，有利于投资者建立一种"长期主义"，也能让更多人在基金投资中得到回报。

3. 评估基金的交易成本

在选择基金的时候，除了关注它的盈利能力，也要考虑一下基金交易过程中的成本。尤其是对于频繁交易的投资者来说，每一次申购、赎回、托管或者转换都需要支付一笔费用，这些费率虽然看起来低，但多次交易累加起来也是一个不容忽视的数字。所以，越是习惯短期交易的投资者，越要选择综合费率较低的基金产品，既可以降低交易成本，又能提高利润率。因此，我们在选购基金产品时，要考察各种管理费率并进行综合计算。

通过以上的内容，我们可以建立对基金投资的认识。在一个成熟的投资市场中，基金能够起到非常重要的作用，保持良好的心态，寻找稳健的基金进行投资，我们也可以找到自己的赚钱节奏。

第六章

找准创业时机，实现财富增长

第一节 如何评估创业环境的优劣

在现有的职场结构下，依靠朝九晚五地上班来积累创业资金是很难的。"打工皇帝"无不是职场精英，这样的岗位在市场上竞争激烈且十分稀少，而且，任何工资的回报都比不上我们的劳动所创造的价值。所以，不少人认为与其给别人打工，不如自己做生意，通过创业来实现赚钱的目标。但"创业有风险，入场需谨慎"，这个道理我们一定要明白。

小李是一名普通的大学生，毕业后进入了一家知名的互联网公司工作。在公司里，他积累了丰富的行业经验和过硬的技术能力，同时也结识了不少业内人士。工作三年后，小李发现市场上对智能家居设备的需求越来越大，而现有产品在用户体验上还有很多改进的空间。

某一天，小李与一位大学同学聚会时聊起了这个想法。那位同学恰好在一家投资公司工作，对智能家居市场也有深入了解。他们一拍即合，决定一起创业：小李负责技术开发，他的同学则负责资金和市场运营。

在创业初期，他们遇到了很多困难，但凭借着丰富的经验和强大的人脉资源，团队逐一攻克了这些难关。最终，他们的智能家居产品一经推出便受到了市场的热烈欢迎，短短一年内，公司就实现了盈利。

小李的创业之路看起来很顺利，但离不开经验和资源这两个关键词。正因为他和合作者都在各自领域工作了几年，积累了足够的业内经验，拥有了专业人士的眼光和认知，同时也积累了行业资源，才能在创业时解决许多困难。同样的问题，如果发生在一个毫无经验的大学生创业团队上，产生的后果可能要严重得多。所以，不同状态的人创业时，面临的环境挑战是不一样的，我们需要根据自己的情况去评估，才能得出理性的结论。

1. 评估外在的创业环境

古人云"好风凭借力，助我上青云"；今人亦言"站在风口上，猪都能飞起来"。这两句话都说明了"借势"的重要性。创业也是如此，外在的环境优劣决定了创业的难度。选择一个野蛮生长的朝阳行业，创业难度明显小于选择一个竞争激烈的行业；在有政策扶持、有资金补贴的环境下创业，也会减轻创业者的压力和顾虑。

评估创业环境的优劣，要先看外界的特征。市场需求的强弱会影响创业的难度和上限，分析竞争状况可以帮助我们找到好切入的薄弱点。良好

| 赚钱时机 |

的政策环境是起步时的资源来源和保障,经济环境的稳定性和未来的发展趋势则决定了创业的可行性。

根据以上特征,去回答下面这些问题,可以帮助我们了解当前是否适合创业。

(1)市场上是否存在对这一产品或服务的强烈需求?(市场需求越大,创业环境越好。)

(2)市场竞争是否激烈?竞争对手的数量和实力如何?(竞争不激烈,竞争对手少,实力弱,创业才顺利。)

(3)政府的政策是否支持创业?有哪些相应的扶持政策和资金支持?(政府有支持,创业起步快。)

(4)当前经济形势如何?宏观经济有怎样的发展趋势?(宏观趋势向好,创业发展更好。)

外在环境特征评估完毕,我们才能知道当下是否是合适的创业时机。在这个基础上,还要对自身条件等内在环境进行判断。

2. 评估内在的创业条件

同样的事情交给不同的人去做,结果可能天差地别,这个道理在创业上体现得更加明显。创业讲究"天时,地利,人和",外在的环境只代表是否有"天时"与"地利",自身的能力与资源则决定了能否带来"人和"。

> 小张是某大学计算机专业的大四学生,他对编程和互联网技术充满热情。在一次创业大赛上,他提出开发一款基于人工智能的在线学习平台,凭借这个创意,小张获得了大赛的二等奖,并得到了几位投资人的初步认可。
>
> 这给小张带来了信心,促使他做出一个更大胆的决定——休学创业。他找了几个同学组成了一个团队,并全力投入平台的开

发中。然而，创业之路并不像他想象得那么顺利。

小张的团队在开发产品时，没有进行充分的市场调研。他们认为自己的产品非常有前景，但实际上，市场上已经有许多类似的在线学习平台，竞争非常激烈。由于没有找到市场的差异化需求，他们的产品很难在众多竞争者中脱颖而出。

而小张作为团队的领导者，也只是一个初出茅庐的大学生，没有任何商业管理的经验。他对团队成员的分工不明确，导致项目进展缓慢，团队内部也出现了不少矛盾。同时，团队在资金管理上也存在问题，刚拿到一笔投资时，大家都十分兴奋，花钱缺乏规划，难免有些大手大脚。很快，初期的投资就被耗尽，而新的融资迟迟没有到位，导致项目陷入困境，最终到了无人问津的境地。

创业一定要建立在充足的认知上，不管是专业技能还是行业经验，都能指引我们避开创业过程中的"坑"和弯路，走出一条最有可能成功的创业之路。所以，了解自己的内在条件非常重要，我们可以从经验技能、人脉资源、资金情况、心理素质四个角度对自己进行评估，判断自己是否适合创业。

（1）经验技能

列出自己在相关领域的工作经验和专业技能，评估这些经验和技能是否足够支撑创业，必要时，可以通过培训和学习提升自己的能力。

（2）人脉资源

梳理自己的人脉网络，找出可以提供帮助和支持的关键人物。在创业过程中，我们可以与这些人保持长久的联系，并寻求他们的建议和支持。

（3）资金情况

评估自己的资金储备和融资能力，制订详细的资金计划，确保有足够的启动资金和应急资金。创业过程必然会有资金紧张的时候，我们要提前

| 赚钱时机 |

做好方案,寻求投资和贷款支持。

(4)心理素质

评估自己的心理素质,确保自己具备承受压力和面对失败的能力。

创业环境不只是指外部环境,还有个人内部条件,只有内外双重环境都达到了最佳状态,才能判定这是否是能带来赚钱机会的时机。

第二节 找到最佳的入市时机

赚钱最重要的是把握时机,创业更是如此。把握进入市场的最佳时机能让我们的创业如虎添翼,反之则可能让努力付诸东流。那么,如何通过分析市场的发展阶段,找到最佳的创业时机并实现财富增长呢?

入市时机的选择很关键,尽管根据创业方向的不同,判断依据也不一样,但依然有一些普适的信号可以供我们参考,以下就是几个合适的入市时机。

1. 需求快速增长期

当某个市场的需求呈现出快速增长的趋势时,往往意味着这是一个值得进入的好时机。如果说原本的市场是一个已经被分配好的蛋糕,新增的需求就相当于这个蛋糕被做大了,占据原有蛋糕的商家还来不及瓜分新生的部分,是新入场者的机会。

2. 技术革新期

新的技术突破或政府的政策支持，往往会带来市场的重大变革和机会，技术迭代会引发市场的洗牌，原有的优势企业如果不能跟上新一代技术的发展，就容易被后起之秀超越。如果我们能掌握新技术，在此期间创业将更容易得到资金支持，也更容易占据市场。

3. 竞争对手的疲软期

有句话说"趁他病要他命"，市场竞争也是这么残酷，当主要竞争对手出现管理问题、产品问题或市场策略失误时，就是我们进入市场的好时机。

4. 细分市场的崛起期

如果某些细分市场开始受到关注并快速增长，但竞争还不激烈，就是一个很好的进入点。

> 璐璐是一名瑜伽老师，她很关注健身行业的发展，在工作几年后，她一直想利用自己的经验和客户资源开一个小型瑜伽教室，但苦于没有足够的资金，一直不能实现该想法。前几年，璐璐工作的瑜伽教室客户流失严重，迫于租金压力，不得不宣告歇业。
>
> 璐璐发现，周围很多健身房、瑜伽室都出现了这种情况，可健身房停业了，那些已经培养了健身锻炼习惯的会员要去哪里锻炼呢？璐璐敏锐地发现，自己经常使用的短视频平台上，健身直播、健身跟练的博主越来越多，尤其是居家办公的那段时间，很多人都愿意跟着直播锻炼，既能跟老师学习，又能监督自己按时锻炼。
>
> 璐璐觉得自己的机会到了——虽然她没有足够的资金开一间

> 教室，但是她有大量的时间可以教大家如何居家做瑜伽。她在抖音等平台上注册了账号，以"瑜伽老师璐璐"的身份坚持早晚直播，带动粉丝跟自己坚持锻炼，很快就获得了大量关注和热度，还有不少同城的粉丝要求她开办线下课，表示以后要去她的教室跟她一起练习。
>
> 在线上，璐璐通过直播吸引关注和热度，带货健身餐、瑜伽服、健康零食、蛋白粉等产品，偶尔还会接几个跟瑜伽相关的产品广告。很快，她就获得比之前在职更高的收益。她也借此机会开了一间线下教室，同城粉丝作为初期客户，给她带来了稳定的现金流支持，让她的事业顺利起步了。

璐璐作为个人瑜伽教师，竞争对手是资金雄厚的健身房、瑜伽馆，她面临非常不利的创业局面。但她通过新生的细分赛道——直播健身来开启自己的创业之路，反而放大了个人优势，拉低了竞争差距，让自己顺利起步。所以，入市时机一定要慎重选择，时机没有到来的时候，我们可以静静等待，不必太过着急。而当入市时机到来时，我们可以通过不同的应对措施，在市场中站稳脚跟。

1. 确认市场上升期，提前布局抢占先机

市场上升期就是市场需求快速增长的阶段，这是创业的黄金时机。市场上升期的确认需要通过行业动态、行业数据来支撑。通过阅读行业报告、参加行业会议和关注行业新闻，我们可以了解市场的最新动态和发展趋势，利用数据分析工具则能监测市场需求的变化趋势，找出需求增长最快的领域。

在市场需求开始增长时，提前布局是我们一定要做的事。当需求被大多数人意识到时，再试图分一杯羹，就会慢人一步。所以，当数据显示某

个领域的需求增长很快时，我们可以尝试小范围、小规模投入测试产品，通过这种方式低成本地快速将产品或服务推到市场，先抢占先机。即便我们在测试阶段没有放开产能，不能大规模铺货，但也要尽量做到"雷声大"，将宣传做到位，让大家都意识到我们的品牌在做这个产品，这就起到了先声夺人的效果，哪怕后续大货产品的推出比别人慢一些，也会有对宣传有印象的顾客愿意支持我们的产品。

例如，当健康饮食成为趋势时，许多创业者抓住机会，推出了健康食品、营养餐和健康饮食 App，迅速占领市场。尽管前几年，这些赛道因受众窄没有实现快速发展或得到即时回报，但经过几年的沉淀，随着健康饮食的消费人群在逐渐增长，先入场的品牌也伴随着市场和需求的增加而缓慢发展壮大，逐渐瓜分了市场并稳定下来。所以，提前布局非常重要。

2. 面对竞争对手的转型期或瓶颈期，针对弱点进攻

当主要竞争对手处于转型期或瓶颈期时，也是我们进入市场的好时机。这一时期我们一定要瞄准对手，根据对手的弱点来强化自己的产品，这样才能做出差异化，并"吃"下对手释放出的市场。

首先，要时刻监测竞争对手动态，通过财报分析和市场调研，了解竞争对手的战略调整和市场表现。其次，要找出竞争对手的弱点，分析其产品和服务，找出他们的不足之处，有针对性地提供更好的解决方案。最后，我们一定要快速响应市场的需求，尤其是在竞争对手调整策略或出现问题时，快速根据市场反馈推出差异化的产品或服务，以此吸引客户。

例如前几年，当某大型手机品牌因产品质量问题，被公众的质疑声淹没时，另一家手机厂商迅速推出高性价比的新品，并通过精准营销，宣传自家手机质量好、安全性高的特点，成功吸引了大量用户。这种营销方式是指友商由于产品质量、宣传营销等出了问题导致"翻车"，其他竞争品牌纷纷趁势抢夺客户。所以，针对竞争对手的弱点，对自家产品进行有针对

[赚钱时机]

性的优化和营销，是打击对手、抢夺市场的重要手段，也是我们在创业时能把握的好时机。

3. 针对尚未发展的高增长潜力细分赛道创业

尚未发展的具有高增长潜力的细分赛道往往是创业的"蓝海"市场，通过市场调研，我们可以了解消费者的需求和痛点，找出尚未被满足的市场需求。当这类市场需求具有专业壁垒时，只要达到一定体量，就能自成一派形成细分赛道。

所以，开发具有高增长潜力的细分赛道，核心就是技术创新，要针对市场需求极致地优化产品，形成自己的技术壁垒。这就是我们能提供的独特价值，做到这一点，产品就有机会从大市场中独立出来，在细分赛道占据绝对优势。

找到最佳的入市时机，是创业成功的关键之一。通过密切关注市场动态，分析竞争对手的动向，深入挖掘细分市场的需求，相信自己也能在合适的时机进入市场，实现财富增长。

第三节 懂得整合资源，才能"弯道超车"

创业路上，光有创意和激情是不够的，资源的整合和利用往往是成功的关键。资源整合不仅能弥补自身的不足，还能形成独特的竞争优势，实现"弯道超车"。

第六章 找准创业时机，实现财富增长

整合资源的意义在于，通过合理利用和组合各种资源，创业者可以在短时间内形成竞争优势，快速占领市场，达到事半功倍的效果。创业时能整合的资源主要分为四类：第一类是人脉资源，包括行业专家、合作伙伴、投资人等；第二类是技术资源，包括专利技术、研发团队、技术平台等；第三类是资金资源，包括自有资金、风险投资、政府补贴等；第四类是市场资源，包括客户资源、市场渠道、品牌资源等。在创业时，根据我们的规模、行业、产品特点不同，所倚重的资源也不同，比如有的行业重度依赖人脉和市场资源，有的行业对技术资源要求高。但总的来讲，整合尽量多的资源，对品牌的发展是最有利的。

雷军是小米公司的创始人，他曾在金山软件担任CEO，有着丰富的管理经验和广泛的人脉资源。2010年，雷军决定进入智能手机市场，他深知，要在这个竞争激烈的市场中脱颖而出，必须充分整合各种资源。

雷军利用自己在IT行业多年的积累，组建了一支强大的创业团队。他邀请了在谷歌工作多年的林斌担任联合创始人和总裁，负责产品研发；还吸引了多位在硬件、软件、互联网领域有丰富经验的专家加入团队。这支团队的多样性和专业性，为小米手机的研发和推广奠定了坚实的基础。同时，雷军通过合作研发和技术入股的方式，整合了国内外的先进技术资源，先后与高通、三星等全球领先的芯片制造商建立了紧密的合作关系，确保了产品的性能和质量。

在创业初期，雷军通过多渠道融资，获得了充足的资金支持。他利用自己在投资界的影响力，成功吸引了多家知名风投公司的投资，这些资金不仅支持了产品的研发和生产，还为市场推广和品牌建设提供了保障。

小米手机的市场策略也非常独特，雷军通过精准营销和粉丝

| 赚钱时机 |

> 经济，迅速打开了市场。小米采用了"互联网直销"的模式，绕过传统的销售渠道，直接面向消费者销售产品，降低了成本。同时，小米通过社交媒体和论坛与用户进行互动，建立了强大的粉丝社区。这些粉丝不仅是小米的忠实用户，还成为品牌的传播者，这极大地提升了小米的知名度和美誉度。
>
> 最终，小米凭借高性价比和独特的市场策略，在短短几年内迅速崛起，成为全球知名的智能手机品牌。

资源整合与利用的重要性，在小米这个品牌的发展中展现得淋漓尽致。我们的创业项目未必有这么复杂，但也可以参考成功企业的经验，即便竞争再激烈的市场，如果我们能整合尽量多的资源，同样可以建立自己的优势和独特地位。而创业成功的前提，一定是"差异化"，只有跟别人不同，才有机会脱颖而出。整合资源就是让自己的品牌与竞品产生差异的重要途径，不管是供应链管理得当降低了成本，还是市场资源丰富所以营销效果更好，都能给自己带来优势。实际操作时，我们可以从下面几个角度去思考如何整合自己的资源。

1. 利用供应链资源

优质的供应链资源是制造业领域创业成功的关键要素之一，整合供应链可以降低成本、提高产品质量和对市场的响应速率，在市场需求的变化面前更灵活地做出应对。

想整合供应链资源，首先要注意建立良好的商誉。很多人在学习小米整合供应链的方法时，只学习小米对供应商高要求、严标准的一面，却不学习小米公司给供应商及时付款、从不拖欠的一面，导致学不到精髓。想整合优质的供应链，一定要建立良好的商誉，只有及时给供应商结款，供应商才愿意积极响应我们的需求，快速提供高质量的零部件和服务。

同时，要跟供应商建立长期稳定的合作关系，而不是"打一枪换一个地方"。通过合作共赢的方式，才能确保供应链的稳定和高效。

2. 利用人脉资源

人脉资源是创业者最宝贵的资产之一，要充分利用人脉资源，就要有意识地建立和维护关系网络。我们可以积极参加行业会议、创业沙龙和社交活动，结识行业内的专家、投资人和潜在合作伙伴，并通过定期联系维护和深化这些关系。

在初期组建团队时，也要通过人脉资源找到志同道合的合伙人和团队成员，组建一个多元化的团队。团队成员的多样性可以为我们带来不同的视角和技能，有助于解决复杂问题和推动创新。

最重要的是，人脉资源不能只"向上看"，更要"向周围看"和"向下看"。大多数人只想向上看，但这种向上社交目的性太强，反而很难开展。行业大佬往往不愿意花费太多时间在无法跟自己平等对话的人身上，这种浅层交集并不能给我们带来真正的助力。不如放平心态，多向周围看，与自己层次相近的人交往并互换资源，互相帮助，反而更容易实现深交。真正的人脉不是单方面的求助，而是"你帮助我、我帮助你"的关系，平等对话才是健康的人脉网络。

3. 整合技术资源

由于技术服务平台的发展非常迅速，我们可以租赁现有的技术平台和工具，快速开发和测试产品。比如，利用商用的云计算平台进行数据存储和处理，利用开源软件进行快速开发等。通过租赁等模式共享外部技术资源，我们就不必投入大笔资金购买设备，可以降低前期的创业成本压力。

如果是面向高新技术领域的创业，也可以采用合作研发的模式，与高校、科研机构或其他企业合作，进行联合研发。这可以发挥彼此的优势，提升产品的竞争力。

同时，也可以考虑技术入股的方式，吸引技术专家加入团队，在前期节省一定的资金。对有贡献的关键技术专家，通过分享股份的方式也能激励他们与团队共同成长，提高团队的稳定性，避免由于专家离职导致的团队动荡。

4. 争取资金资源

资金资源是创业的血液，我们可以通过多种渠道获取资金，包括风险投资、天使投资、政府补贴、众筹等。不管哪一种融资方式，都需要制订一个详细的商业计划，包括市场分析、产品介绍、财务预测等，向投资人展示创业项目的潜力和可行性。一个清晰和有说服力的商业计划能大大提高融资成功的概率。

同时，在创业初期，控制成本是非常重要的。因此，我们需要精打细算，合理分配资金，确保每一分钱都用在刀刃上。

5. 利用市场资源

要利用好市场资源，我们可以通过调研了解目标客户的需求和偏好，制定精准的营销策略。利用社交媒体的内容营销和数据优化算法等手段，把产品信息包装成有吸引力的视频、图文，并精准推送到感兴趣的潜在客户群体主页，吸引并留住客户。

我们也可以通过品牌建设，提升产品的知名度和美誉度。制定品牌战略，包括品牌定位、品牌形象和品牌传播等，打造一个强大的品牌，赢得客户的信任和忠诚。

通过利用供应链资源、人脉资源、技术资源、资金资源和市场资源，我们可以尽可能地打造自己的优势，在竞争中脱颖而出。资源整合可以帮助我们在创业之路上走得更加稳健，抓住赚钱机遇，实现创业梦想。

第四节　通过风险管理保护创业成果

　　创业是一场充满挑战和机遇的旅程，成功不仅需要敏锐的市场洞察力和创新的商业模式，还需要有效的风险管理。风险管理就像企业的保护伞，能帮助创业者在风雨中前行。通过科学的风险管理，企业才能从开拓期顺利过渡到平稳发展期，确保创业成果不被他人窃取，实现财富的持续增长。

　　风险管理是创业过程中不可或缺的一部分，一般来讲主要包含四个步骤，分别是风险识别、风险评估、风险应对和风险监控。通过风险识别，可以发现和列出所有可能影响实现企业目标的风险因素。风险评估则是分析这些风险的可能性和潜在影响，确定其严重程度。在风险评估之后，就是有针对性地应对风险，通过制定和实施策略来减轻、转移、接受或避免这些风险。最后是风险监控，持续跟踪和评估风险管理措施的效果，必要时还需要进行策略调整。

　　通过这样一套有效的风险管理手段，就可以保护企业的核心资产和知识产权，防止因突发事件导致的重大损失，确保企业在竞争激烈的市场中立于不败之地。

　　几年前，一对大学好友小陆和小徐决定一起创业，创办了一个校园外卖平台。他们信心满满，投入了大量时间和精力，成功

| 赚钱时机 |

> 吸引了第一批用户，甚至获得了一些天使投资。
>
> 在前期的股权分配阶段，小陆和小徐认为，既然是大家好朋友，股权分配的事情可以暂时搁置，等项目成熟后再说。但是，随着项目的成功，利益冲突逐渐显现。小徐认为自己在技术开发中贡献最大，应该占据更多的股权，小陆则认为自己在市场推广和用户获取方面做出了巨大贡献。两人为了这件事争执不下，项目几乎陷入停滞状态。
>
> 就在这时，一个外部投资人看中了他们的项目，提出通过高额投资换取大量股权。小陆和小徐因为股权问题产生了分歧，最终未能达成一致。投资人趁机拉拢小徐，成立了一个新公司，并将小陆排除在外。小陆不仅失去了创业成果，还因为没有签署任何保密协议，导致核心技术被窃取，最终一无所有。

这个案例告诉我们，没有做好风险管理的后果很严重。特别是没有做好股权分配和知识产权保护，创业成果就有可能被他人窃取，甚至导致创业失败。只有重视风险管理，在一开始就做好清晰的规划，才能保护企业的利益，保护创业者的利益。接下来，我们将从股权分配、知识产权保护、财务风险管理、法律风险和合规风险管理四个方面介绍一些风险管理的要点，建立对风险管理的整体认识。

1. 做好股权分配与合同管理

在创业初期，明确的股权分配和合同管理是风险管理的基石。我们应该与团队成员共同商讨并制定详细的股权分配方案，明确每个人的贡献和相应的股权比例。如果缺乏股权分配的经验，可以参考行业标准或咨询律师等专业人士的建议，确保分配的公平性和透明度。

同时，所有的股权分配和重要合作应通过法律合同进行明确，避免口头协议带来的不确定性。在制定合同时，要详细列明各方的权利和义务，以及一旦出现争议应该如何解决。如果公司没有专门的法务来审核合同，也可以咨询律师。不要认为这是小题大做，很多后期的纷争和团队分裂，就是源于前期的利益分配没有取得共识或获得法律保障。在一开始就将股权分配做好，才能让合作长长久久。

考虑到随着公司的发展，团队成员的贡献可能会发生变化，我们还要对股权分配进行定期审查，在必要时进行调整，确保每个人的利益与其贡献相匹配。

2. 知识产权保护

知识产权是企业的重要资产，保护知识产权可以防止技术和创意被他人窃取。创业者要及时申请专利和商标保护，将公司的核心技术和品牌纳入法律保护范围，这样不仅能防止竞争对手抄袭，还能增加品牌的市场价值。很多知名品牌就是因为前期不重视商标保护，被其他人恶意抢注商标，影响了企业的后期发展，最终只能花费漫长的时间打官司，甚至还要额外付出一大笔钱来买回自己的商标。

保护知识产权，也可以通过与员工、合作伙伴和供应商签署保密协议，确保公司的商业秘密和技术信息不被泄露。保密协议应详细列明保密的范围、责任和违约处罚，这样才能起到约束的作用。

即使是创业初期管理架构尚不完善，也要建立完善的知识产权管理体系，定期进行知识产权的评估和保护措施的更新，日常可以通过培训和激励机制，增强员工的知识产权保护意识。

3. 财务风险管理

财务风险管理是确保企业资金链稳定的重要环节，在创业期间，一定要制订详细的财务计划，包括预算、现金流预测和融资计划，确保团队在发展的各个阶段都有足够的资金支持。同时，还可以通过谈判获取更优惠的供应商条件，或通过技术手段提高运营效率。

一个容易被忽略的重要"知识点"，就是提早建立财务监控和审计制度，这样才能及时发现和解决财务问题。很多初创公司在财务审计方面不够重视，甚至习惯性任用"自己人"来担任财务负责人，导致财务方面的工作不专业，缺乏第三方监督，非常容易出现管理漏洞和风险，甚至给企业带来致命的危机。所以，千万要放弃传统的任用"自己人"来管理财务的思维，通过专业的财务管理软件和外部审计服务，确保财务数据的准确性和透明度，才能保证公司的健康、长久发展。

4. 法律风险和合规风险管理

法律风险和合规风险管理可以帮助企业避免法律纠纷和合规问题。作为创业者，应该先了解并遵守所在行业的相关法律法规，避免因违法行为导致的法律风险。通过参加法律培训、咨询专业律师等方式，我们可以获取最新的法律信息。如果企业发展到一定规模，更要定期与专业律师沟通企业的各方面法律问题，更新自己的认知体系，避免在经营过程中触碰法律红线。

在遇到法律纠纷时，要及时寻求专业律师的帮助，采取合法手段解决争议。通过调解、仲裁或诉讼等方式，来维护企业的合法权益。尤其是在劳资纠纷上，很多初创企业的负责人对法律认识不完善，采取一些情绪化的、简单粗暴的应对模式，一旦违背法律，不仅会受到应有的处罚，还会影响企业的名声，对企业发展非常不利。所以，专业的事情一定要交给专业的人去做，哪怕企业规模还很小，雇用一位法律顾问也是必要的支出。

创业之路犹如"西天取经"，会有许多困难和挑战，而许多人闯过了前面的"八十难"，却倒在了意外风险这"一难"上，与成功失之交臂。风险管理是创业的重要保障，通过一系列专业的管理措施，我们才能保护自己的成果。

第五节　成功离场的基本策略

创业的过程永远离不开对时机的把握，我们不仅要判断最好的入市时机，也要知道何时离场才能实现利益最大化，让财富真正"落袋为安"。如果在项目达到巅峰时不愿意放手，就很容易错失最佳变现时机，甚至让自己深陷各种问题。

为什么创业者一定要考虑离场的时机问题呢？因为一个完整的创业项目通常会经历四个发展阶段，即"萌芽期—成长期—成熟期—衰退期"，每个阶段都有不同特征。

1. 萌芽期

这个阶段是项目的初始阶段，创业者主要集中在市场调研、产品研发和商业模式验证上。萌芽期的特点是高风险、高投入，但也充满无限可能。

2. 成长期

在这个阶段，产品或服务已经进入市场并开始获得用户和收入增长，企业开始扩大规模，以吸引更多的投资。成长期的特点是快速增长和市场扩张，但也伴随着运营挑战和竞争压力。

3. 成熟期

这一阶段的企业在市场上已经占据了一定的份额，增长速度开始放缓，进入稳定期。特点是市场地位稳固，盈利能力增强，但创新和扩展空间相对有限。

| 赚钱时机 |

4. 衰退期

随着市场饱和和竞争加剧，企业的增长逐渐停滞，甚至呈现下滑趋势。特点是市场份额减少，利润下降，需要寻找新的增长点或进行战略调整。

我们可以发现，当项目进行到成熟期及衰退期，向上发展的空间已经非常有限，市场萎缩会成为不可逆的大趋势，而逆势而为是商业市场上最不提倡的行为。选择一个好的时机及时抽身或者谋求转型，寻找新的增长点，就变得势在必行了。所以，一个合适的离场时机可以确保创业者在项目的高峰期实现收益最大化，避免因市场变化或竞争加剧导致的资产缩水。特别是在成熟期，企业的市场价值和盈利能力达到顶峰，往往是离场的最佳时机。

凯文·斯特罗姆和迈克·克里格希望能创造一个简单而有趣的应用，它让用户可以快速分享他们生活中有趣的瞬间，所以，他们在2010年共同创立了Instagram。

凭借着简洁的设计和独特的滤镜功能，Instagram迅速吸引了大量用户，仅用了短短两年时间，应用的用户注册数量就突破了3000万，成为社交媒体领域的一匹黑马。然而，随着用户量激增，Instagram也面临着日益激烈的竞争压力，尤其是来自Facebook和Twitter的挑战。凯文和迈克意识到，他们需要更多的资源和支持，才能在这个快速变化的市场中继续前行。

2012年4月，Facebook创始人马克·扎克伯格向凯文和迈克提出了一个令人难以拒绝的报价，希望用10亿美元收购Instagram。这个消息震惊了整个科技界，但凯文和迈克经过深思熟虑，决定接受这笔交易。因为他们看到了Facebook强大的用户基础和技术支持，这能帮助Instagram在更大的平台上继续成长。而如果他们拒绝了这根橄榄枝，意味着Facebook极有可能开发同类的软件与他们竞争，面对这个拥有海量用户的竞争对手，他们也不一定能

> 全身而退。
>
> 通过这次收购，凯文和迈克实现了财富自由，也保住了他们的创业成果。Instagram 在 Facebook 的支持下，继续保持快速增长，并逐渐成为全球最受欢迎的社交媒体平台之一。

凯文和迈克的成功离场，不仅为他们带来了丰厚的回报，也为其他创业者树立了一个典范：在高峰期果断变现，可以确保创业者获得最大收益，同时让项目在更大的平台上继续发展壮大。那么，如何判断合适的离场时机呢？我们可以从三个角度出发进行分析。

1. 外部信号：市场分析与趋势判断

要成功离场，首先需要对市场进行深入分析，判断行业的发展趋势，思考我们的项目是否达到了成熟期。

分析市场时，要重点关注企业的市场规模、增长率、竞争格局等关键指标，利用专业的市场分析工具和报告，获取准确的数据支持。当市场规模的增长逐渐缓慢，竞争格局变得复杂时，就说明外部市场的机会在减少，我们的项目即将或已经进入了成熟期，是时候考虑离场或转型了。

除了关注自己，也要密切关注竞争对手的动向，分析他们的战略和市场表现。俗话说"三人行，必有我师"，身处同一个市场，别人有可能掌握我们不知道的信息，所以要综合对比他人的选择，来观察整个领域的发展趋势，包括将来的市场空间和潜在风险。

另外，也要密切关注技术进步和政策变化对行业的影响。一个新技术的出现可能会颠覆现有的市场格局，而政策的调整可能会带来新的机遇或挑战。如果看到了新的技术或政策导向，一定要紧跟上去并做出选择，这也是帮助我们判断离场与否的重要外部信号。

通过全面的市场分析和趋势判断，我们可以更准确地把握行业的发展方向，选择最佳的离场时机。

2. 内部信号：财务健康检查

从企业内部来看，财务状况是判断离场时机的重要指标，一定要关注财务报表和现金流管理两个方面，判断企业的运营是否健康。

在运营过程中，我们要定期审查公司的财务报表，包括资产负债表、利润表和现金流量表。分析收入增长、利润率、负债水平等关键财务指标，能帮助我们判断公司的财务健康状况，了解整个项目是否能正常运转，并进一步说明项目在未来是否有充足的发展空间。

同时，现金流管理也非常重要，通过优化运营成本、提高应收账款回收效率等措施，我们可以改善现金流状况。只有确保公司有充足的资金支持日常运营和未来发展，才能延长项目的生命。

3. 机会信号：战略合作与并购机会

除了内部与外部信号，还有一个机会信号，即战略合作和并购的机会。就像 Instagram 的创始人通过被收购来实现财富自由，战略合作与并购是大多数创业者实现成功离场的最重要途径。

想寻求战略合作机会，在创业过程中就要注意寻找潜在合作伙伴，而不是等到项目必须转型的时候再去求助。为什么创业者一定要积极参加行业交流？除了寻求潜在的客户之外，也能通过这种方式认识、评估一些潜在的合作对象，了解彼此的资源、技术和市场优势，判断合作的可行性和潜在收益。

同时，要多关注并购机会，评估并购对公司的影响。必要时，我们可以通过与投资银行、并购顾问等专业机构合作，寻找合适的并购机会，实现公司的战略转型或退出。但一定要记得，在确定合作伙伴或并购对象后，我们需要进行详细谈判和协议签署，寻求机构或专家的帮助，来确保协议条款公平合理。很多创业者在面临大企业的并购时往往缺乏经验，一旦被对方专业的并购团队"碾压"，就容易在协议条款上吃亏。这时候，我们就可以委托专业团队帮助自己评估并购方案，充分保护自身利益，确保离场后的顺利过渡。

在创业旅程中，找到合适的离场时机，才能实现财富最大化，保住自己的创业成果。

第七章

识别商业机会，把握赚钱风口

第一节　通过市场调研发现隐藏商机

在快速变化的商业环境中，识别和把握新的商业机会是成功创业和实现企业发展的关键，也是赚钱的重要风口。但这些机会往往隐藏在"角落"里，需要通过细致的市场调研才能发现。

能够成功的人，都懂得发挥自己的优势。市场上的隐藏商机有很多，但不是所有的商机都适合我们。因为机会摆在那里，还要有准备、有能力才能够接住。所以，自身优势就是机会到来前的准备，先识别自己的优势，再根据优势去寻找相关市场，这样发掘的市场商机才是我们能把握住的，能让我们赚到钱的。

第七章 识别商业机会，把握赚钱风口

> 小华是一名在大公司工作的白领，他在业余时间喜欢制作各种甜品。一次偶然的机会，他在朋友圈分享了一款自己制作的低糖健康蛋糕，意外获得了大量点赞和询问。
>
> "这蛋糕看起来真好吃！你能不能做一些卖给我们？"朋友小王在留言中说道。这让小华萌生了创业的念头，但他不确定市场对健康甜品的需求有多大，于是他决定进行一次市场调研。
>
> 小华先通过网络调查工具设计了一份问卷，调查朋友和社交媒体上的粉丝对健康甜品的偏好和需求。他发现，越来越多的人已经在关注健康饮食，但市场上的健康甜品选择有限，且价格偏高。接着，他走访了几家本地的甜品店，发现这些店铺大多是以传统高糖甜品为主，健康甜品的种类和数量都不多。
>
> 通过调研，小华确认了市场对健康甜品的需求和竞争对手的情况。他结合自己的甜品制作技能和对健康饮食的兴趣，决定开一家专注于低糖、低脂健康甜品的店铺。小华的甜品店开业后，迅速吸引了大量关注健康饮食的消费者。同时，他不仅在店内销售，还通过社交媒体进行产品推广，甚至开设了网店，业务也因此蒸蒸日上。

小华的成功不仅仅在于他发现了市场的空白，更在于他利用自身的优势和兴趣，结合市场调研的结果，精准定位了自己的商业机会。那么，在进行市场调研之前，如何了解自己的优势，并选择适合自己的市场呢？

1. 盘点个人优势与资源

列出自己的技能、兴趣和资源。比如，是否具有某方面的专业知识或经验？是否有某些独特的资源或人脉？

| 赚钱时机 |

2. 咨询他人

询问朋友、家人或同事对自己优势的看法,他们的反馈可能会给我们带来新的视角。

3. 回顾过去的成功经验

回顾过去的成功项目或经历,从中找出自己擅长的领域和技能。

4. 发现兴趣与热情

选择一个自己真正感兴趣和热爱的领域,这样我们在创业过程中会更加有动力和热情。

充分了解自己,我们就可以在优势分析的基础上缩小自己的目标市场,再进行市场调研。

王明是一名宠物爱好者,他家里养了两只猫和一只狗。一次,他发现当地的宠物用品价格比较高且质量参差不齐,觉得非常不满意。回家后,王明想了很久,认为这可能是一个有潜力的市场,准备看看是否有机会在这个领域创业。

女朋友对王明说:"你还是先做做调研,不要想当然地认为这就是你的机会。如果那么容易就发现商机,为什么别人不去做,只有你能想到呢?"

于是,王明先在当地的养宠人士群组中进行观察,发布调查问卷,想看看宠物主人的需求和痛点。他发现,许多宠物主人的确希望有更多高质量且价格合理的宠物用品,但是大家都习惯在互联网上购物,而且网店也不需要支付门店的房租、水电以及人工费用,在同样的价格下质量自然会更好,可选的产品很多。因为网店抢走了大量客户,门店客人才寥寥无几,价格、质量也没

> 有保证。
>
> 在这种情况下，想做门店其实是在跟网店竞争，并不像他想象得那么简单。但王明发现，很多宠物主人反馈，给宠物看病不容易，尤其是异宠生病，很难找到合适的医院，网上给宠物买药的发货周期也比较长。这让王明换了一个思路，他开始琢磨如何做一个宠物门诊。

通过以上案例我们可以发现，市场调研是发现商机和制定商业战略的重要工具，它能透过具体的现象帮助创业者发现真正的市场需求。一般来讲，通过瞄准目标消费人群、挖掘目标消费者的痛点需求、了解市场的基本面和未来发展机会，以及详细了解创业所需的成本和一般规模，可以帮助我们更好地把握市场的赚钱机会。

1. 调研一定要瞄准目标消费人群

在市场调研中，瞄准目标消费人群是至关重要的，我们需要明确产品或服务的潜在用户是谁，并针对他们进行调研，而不是毫无目的地广泛撒网。

（1）确定目标人群的基本特征。例如年龄、性别、收入水平、职业、教育背景等，这些基本特征能够帮助我们更好地理解目标市场。

（2）加入与产品或服务相关的社交媒体群组和网上的兴趣小组，观察群组成员的讨论主题和内容。平台上聚集了大量的目标用户，我们可以通过观察他们的言论和行为，了解他们的需求和偏好，快速把握住大的风向。

（3）科学地设计调查问卷。调研最快速的方法就是通过问卷调查收集目标人群的意见和反馈，但是问卷怎么设计、问题应该怎么问，需要我们前期做好准备，对用户群的喜好和关注点有所了解。问卷设计要简洁明了，问题要具体，避免模糊不清，同时要尽量囊括大家关注的话题。只有这样，问卷调查才能得到有用的结果。

总之，瞄准目标消费人群的调研能够帮助我们更准确地把握市场需求，从而制定更有针对性的商业策略。

2. 了解市场基本面和未来发展机会

了解市场的基本面和未来发展机会是制定商业战略的重要基础，比如市场规模、增长趋势、主要竞争者和消费者需求，都能帮助我们判断这里是否有好的商业机会。想了解这些信息，可以从三个角度获取数据。

（1）行业报告和市场研究

查阅行业报告和市场研究，了解市场的规模、增长率、主要竞争者和市场份额。这些报告通常由市场研究公司、行业协会和政府机构发布，可以通过互联网获取，以此了解大致的市场发展情况。

（2）行业导向分析

行业导向主要以政府的政策导向和行业法规为主，尤其是政策的变化可能会对市场产生重大影响，了解行业导向可以帮助我们预测市场的未来发展趋势。记住，小米公司总裁雷军曾经说过"站在风口上，猪都能飞起来"，学会顺势而为，是商业市场上抓住时机的重要举措。

（3）技术趋势分析

关注行业的技术创新和发展动态，技术的进步可能会带来新的商业机会，我们可以通过行业报告、技术博客和专利数据库获取相关信息。

通过分析以上三个角度，我们就可以相对全面地了解市场的基本面和未来发展机会。

3. 了解经营所需的成本和一般规模

找到商机时，详细了解所需的成本和一般规模是非常重要的。因为，有的行业属于重资产型，有的属于轻资产型，前者的启动资金和运营成本要远超后者，我们要衡量自己所发现的商业风口是否适合自己介入，如果需要大量的资金投入，自己的能力是否能支持。只有自己消化得了的机会才是真正的机会，否则只是空谈。

（1）做好成本分析

列出创业所需的各项成本，包括设备采购、租金、装修、员工工资、原材料采购、市场推广等，我们可以通过询价、咨询专业人士和参考同行经验来获取这些信息，然后评估自己是否能承担这些成本。

（2）根据成本分析，编制详细的预算

预算要尽可能详细和准确，避免遗漏重要的费用项目。同时，要预留一定的应急资金，以应对不可预见的支出。

（3）评估项目的规模

项目规模包括生产规模、销售规模和员工规模。我们可以通过市场调研和竞争对手分析来确定合适的规模。规模过大可能会增加风险，而规模过小可能会限制发展。

（4）根据预算和规模评估，确定所需的启动资金

我们可以通过自有资金、银行贷款、风险投资等方式筹措资金。同时，还要制订详细的资金使用计划，确保资金的合理使用。

市场调研不仅仅是收集数据，更是洞察消费者需求、市场趋势和竞争态势的过程，我们要重视这一手段，利用它发现隐藏的商机。

第二节　竞争分析，发掘市场空白

如何在激烈的市场竞争中找到自己的立足点？答案之一就是通过竞争分析，识别市场的"蓝海"和发展空白，从而找到赚钱的时机。

| 赚钱时机 |

竞争分析是一种系统性的方法，通过研究和分析市场中的竞争对手，了解市场动态和趋势。它的核心在于深入了解竞争对手的优劣势、市场定位和发展策略，从中找出他们未能覆盖或忽视的市场领域。这些领域可能是由于技术限制、资源不足或市场认知不足而没有得到开发，但往往隐藏着巨大的商机。利用竞争分析，我们可以发现这些潜在机会，找到那些竞争压力小、发展潜力大的市场空白，进而形成自己的竞争优势。

小杜是一位刚毕业的大学生，对手工皂制作充满了兴趣。虽然市场上已有不少手工皂品牌，但他相信这一行还有入场机会，就认真研究起了手工皂这个市场。

小杜首先确定了自己的竞争对手，包括几家知名的手工皂品牌和一些本地的手工皂店。他开始收集这些品牌的产品信息、市场定位、定价策略和客户反馈，最后发现，虽然这些品牌在手工皂领域占据了一定市场份额，但他们主要集中在高端市场，产品包装精美，价格也较高。

"这些高端手工皂确实很吸引人，但对一些学生和年轻人来说，价格有点不具有吸引力。"小杜分析了一下，"如果我能提供价格更亲民、设计更年轻化的手工皂，是不是能吸引更多的学生和年轻消费者呢？"

于是，小杜将产品定位在年轻人市场，推出一系列价格适中、设计新颖且环保的手工皂。其中很多手工皂的配色、图案都是紧跟当下年轻人喜欢的IP或者动漫形象，以此与其他品牌做出差异。为了节省成本，他选择在家中制作手工皂，并通过线上平台销售，或者在大学城等年轻人聚集的店铺寄售宣传。

经过几个月的努力，小杜的手工皂逐渐在年轻消费者中获得了口碑。由于价格亲民、设计独特，他的产品迅速赢得了大量学生和年轻消费者的青睐。

通过有效的竞争分析，小杜成功地找到了市场的"蓝海"，并通过精准的市场定位迅速占领了市场。商业市场不是一个孤立的市场，并不是把产品做好，就一定能卖出去，企业就一定能得到发展。市场是多方参与、共同影响的，如果竞争强度很大，产品就不容易做出优势，因为就算花费了大量时间和精力，也不一定能有好销量、好发展，更不要说把握好的赚钱时机了。所以，竞争分析就是在帮助我们排除那些不赚钱的方向，找寻好的赚钱时机。

1. 确定竞争对手

确定竞争对手是竞争分析的第一步，如果连自己的对手是谁都不知道，又怎么能有针对性地设计出有竞争力的策略呢？二三十年前的铅笔厂商，可能以为自己的竞争对手是自动笔、钢笔厂，却很难想到真正的竞争者是电脑厂商——电子信息化的时代，纸笔记录的市场必然萎缩。所以，有些竞争对手不是一眼就能看到的，需要我们去深入思考、去总结。竞争对手可以分为三种。

（1）**直接竞争对手**

提供相同或类似产品和服务的企业。我们可以通过市场调研、客户反馈和电商平台搜索来确定自己的竞争对手，如果是比较专业的领域，也可以关注行业报告和市场研究，这些资源通常会列出市场的主要参与者，这样我们就能了解自己在跟哪些公司竞争。

（2）**间接竞争对手**

这些企业能提供替代性产品或服务，满足相同的客户需求。例如，如果我们经营的是一家咖啡店，那么茶馆和果汁店也可以被视为间接竞争对手。通过观察客户行为和市场趋势，将目光放到相关市场去思索判断，我们就能找到间接竞争对手，这也是非常容易被忽略但影响很大的竞争对手。

(3)潜在竞争对手

这些是可能进入我们所在市场的新店铺、新品牌,虽然他们还没有动作,但对我们的领域很感兴趣。比如,如果我们想开一家早餐店,考察时发现隔壁的饭店虽然不经营早餐,但是有同样的餐饮资质和经营条件,他们也很有可能对这个领域感兴趣,这就是潜在的竞争对手。

确认竞争对手之后,就可以研究他们的动向,以便找到自己的优势和发展点。

2. 收集竞争对手的信息

锚定了竞争对手之后,就有了研究的方向,接下来我们可以从多个角度收集竞争对手的信息。俗话说"知己知彼,百战不殆",对竞争者的了解越深刻,就越有助于我们做出准确的判断,在策略上做到先人一步。如果不知道应该从哪些方面收集信息,可以从以下八个角度去问自己,根据问题来整理答案,就能得到比较全面的数据。

(1)基本情况,如竞争对手的经营规模有多大,员工有几位、年收入多少、占据多大的市场份额?它的主要运营区域和市场覆盖范围在哪里?

(2)产品或服务种类,如他们提供的主要产品或服务是什么?有哪些特色?

(3)定价策略,如他们的定价策略如何?是否有折扣、促销活动等。

(4)市场定位,如他们的目标客户群体是谁?市场定位如何?

(5)营销渠道,如他们主要通过哪些渠道,是线上、线下还是借助社交媒体来进行营销和销售的?

(6)供应链和合作伙伴,如他们的供应链管理如何?是否有重要的合作伙伴?

(7)技术和创新,如他们在技术和创新方面的投入如何?是否有专利或独特技术?

（8）质量和客户反馈，如产品或服务的质量如何？客户对他们的评价如何？

3. 对比分析竞争对手的优劣势

如何分析自己和竞争对手的优劣势，并找到适合自己去经营和发掘的市场空白呢？如果没有头绪，可以用一些经济学分析方法来帮助自己梳理思路，比如 SWOT 分析就是一种简单有效的对比分析工具，可以帮助我们评估竞争对手的优劣势。

首先，列出竞争对手的主要优势，如品牌知名度、技术领先、客户基础广泛等。通过分析他们的年报、市场调研和客户反馈，我们可以识别这些优势。其次，列出竞争对手的主要劣势，如产品种类有限、价格高、客户服务差等，这些信息一般通过客户反馈和市场调研就可以获取。而我们的目的，就是看对手的劣势是否是我们的优势，或者我们能否弥补这些劣势，这就是能做出差异化的地方。

接下来，我们要分析行业报告，去发现市场中的机会，如新兴市场、技术进步、政策支持等，然后了解这些机会是否也被竞争对手重视，如果没有，这就是我们可以重点开发的地方。此外，有了机会也要辨认威胁，如一个市场的潜在竞争者动向、经济波动、消费者需求变化等，提前看到威胁，才能评估我们接下来的发展难度。

4. 评估并制定自己的竞争策略

通过第三步，我们可以了解市场、了解竞争者，知道其他人的优势是什么，自己的优势是什么，可以利用哪些机会，应该警惕什么问题等。然后，根据这些认知，我们就可以制定自己的竞争策略了。

（1）差异化策略

通过对产品或服务的创新和改进，我们可以提供与竞争对手不同的产品或服务。比如，小杜在经营手工皂时，发现现有的产品定位和主题不太符合年轻人的喜好和消费水平，就推出了价格较低、外观紧跟年轻人喜爱的 IP 联动的手工皂，做出了差异性。我们也可以针对特定的细分市场，了解不同领域的需求和偏好，提供更具针对性的产品或服务。

（2）价格策略

我们可以采取价格竞争策略，通过降低成本来提升价格竞争力。选择这个策略，一定要在供应链管理、生产效率提高以及成本控制上具备优势，才能在市场上形成价格优势。如果是相同的定价，我们也可以走价值提升路线，通过提升产品或服务的质量与附加值，提高自己的价格竞争力。

（3）客户关系策略

我们可以提升客户服务质量，增强客户满意度和忠诚度。比如，通过培训员工、优化服务流程，提高客户服务水平，优化客户的体验，从而形成竞争优势。

当我们利用系统化的竞争分析去了解自己的竞争对手，识别市场上的赚钱机会时，就可以更快速地找到自己的立足点，把握赚钱风口。

第三节　赚钱效应需要用户需求驱动

当我们去了解市场，会发现真正赚到钱的往往是那些能够精准把握用户需求、解决用户痛点的企业。无论是大公司还是小成本创业，成功的关键都在于以用户需求为导向，驱动产品和服务的创新和改进。只有这样，才能真正把握市场的赚钱脉络，赢得消费者的心。

这时可能会产生一个问题：什么是用户"痛点"？为什么解决"痛点"

能使消费者满意？

我们通常说的"痛点"，是指用户在使用产品或服务过程中遇到的困难、不便或未满足的需求。"痛点"可能是缺失的功能、不便的使用体验、不合理的价格，甚至是产品跟消费者缺乏情感共鸣。解决这些"痛点"不仅能提升用户体验，还能激发用户的消费欲望，带来商业机会。

当企业能够识别并有效解决用户的痛点时，消费者会感受到被理解和重视，这种情感会转化为对产品或服务的忠诚度和满意度。当消费者产生了"这是我现在迫切需要的东西"的满足感时，购买行为就会随之发生。这不仅能带来口碑效应，还能吸引更多潜在客户。

> 晓惠经营着一家在线销售手工饰品的网店，她的货品基本是从义乌等批发基地采购的，与其他店铺的差异性不是很大。起初，晓惠的生意平平，这让她感觉很苦恼，就花了很多时间去关注店铺的客户反馈或者互联网上手工饰品爱好者的讨论。
>
> 她看到很多人在网上抱怨购买的饰品质量不稳定，因为生产成本低、批次不一致，有些饰品在短时间内就出现了褪色和断裂的问题，让大家很不满意。晓惠发现，很多消费者对手工饰品的设计、材质和工艺要求很高，也愿意为了这些提升自己的预算，但自己采购的货品在这方面都做得不够好。
>
> 于是，晓惠决定改进选品的方式，不再直接从义乌批发"大路货"，而是对厂家要求更高，选用更高质量的材料，并加强制作工艺，以增加自己店铺特有的设计款饰品。此外，她还推出了一个"定制服务"，消费者可以根据自己的喜好选择材料和设计，这项服务受到了热烈欢迎。很快，她的网店销量大增，甚至有不少老顾客推荐新顾客来购买。
>
> 一些顾客在评价中夸赞晓惠的店铺产品"质量好""设计也很独特"，让她们非常满意。通过解决客户的"痛点"，晓惠的网店不仅提升了销量，还赢得了良好的口碑。

我们可以看到，识别并解决客户痛点是成功的关键。但是，道理我们明白了，如何才能确定客户的"痛点"呢？通过一些具有实操性质的建议，我们可以了解如何发掘隐藏的"痛点"，逐步培养自己的"痛点思维"。

1. 通过调研来挖掘"痛点"

我们可以与目标客户进行"一对一"的深度访谈，了解他们在使用类似产品或服务时遇到的困难和不满，如果客户自己没有明确意识到有问题，可以通过开放性问题引导客户讲述他们的经历和感受，在讲述过程中观察他们的态度，也能挖掘出潜在的"痛点"。

2. 观察与体验发现"痛点"

亲自体验客户的使用过程也能帮助我们发现"痛点"。我们可以模拟客户的使用场景，亲身体验产品或服务，记录每一个不便之处。也可以观察客户的真实使用过程，尤其是在测试阶段，可以通过客户的表情、动作和语言，直观地感受到他们的困惑和不满。

3. 借助互联网收集感受数据

在社交媒体发展迅速的当下，更好的办法是收集和分析客户在社交媒体、电子商务平台和产品评论中的反馈，这些反馈中往往包含着客户的真实需求和痛点。而且利用平台，我们可以快速地收集大量不同客户的意见，并通过数据分析找出其中共通的问题。

4. 借助竞品来定位"痛点"

研究竞争对手的产品和客户反馈，可以帮助我们发现市场上的普遍"痛点"。通过分析竞争对手的客户评论、产品评价和市场表现,找出他们未能解决的问题和不足之处,可以为自己的产品优化提供参考,避免重复同样的错误。

深入挖掘目标消费者的痛点需求,可以帮助我们开发出更符合市场需求的产品或服务,从而占据市场先机。而找到了"痛点"之后,另一个需要思考的问题,就是如何利用"痛点"来真正优化和经营我们自己的产品。

1. 多方面考虑产品改进与创新

根据收集到的客户"痛点"后,我们可以制订具体的产品改进计划,一般来说,可以从产品功能、用料、设计等多个角度思考改进和创新的方案。

可以增加或改进产品功能,解决客户在使用过程中遇到的实际问题。也可以根据客户需求选用更高质量的材料,提高产品的耐用性和客户体验。当然,优化产品设计也非常重要,由于消费市场的审美逐渐提高,提升产品设计使其更符合客户的审美和使用习惯,能让我们的产品受到更多人喜欢。

2. 改进时注重测试与客户反馈

在产品改进过程中我们可以持续收集客户反馈,这样也能在出现问题时及时修正,减轻改进的成本。比如,可以邀请一部分客户参与产品测试,收集他们的使用体验和反馈。通过这种"测试—反馈—迭代"的循环,确保产品改进符合客户期望,能够解决他们的"痛点"。

3. 提供定制化服务满足小众需求

通过定制化服务,可以增强客户对产品的满意度和忠诚度。比如,我们可以在自己的店铺增加一个"定制专区",根据产品的特性提供几个可以定制的选项，比如让顾客自由选择他们喜欢的材料、颜色等，这就是半定制化，相对来说成本较低、容易实现。

还有一些高度定制化的产品，可以通过售前售后服务，让顾客直接和设计师沟通，讨论他们的想法和需求。定制化程度越高，意味着批量生产的概率越低，单个成本就越难以控制，但我们可以将服务作为卖点，打造自己的优势。

同时，一定要确保整个定制过程透明化。比如，当顾客下单后，我们可以通过邮件或短信定期更新他们的订单进度，让他们知道每一个制作环节。完成后，提供快速的配送和优质的售后服务，确保顾客在收到产品后感到满意。这样的定制化服务不仅能让我们的产品更具吸引力，还能让顾客感受到独一无二的购物体验。

当然，产品优化是一个持续的过程，我们需要定期收集客户反馈，监测市场动态，及时调整和改进产品。通过不断地改进和创新，才能始终保持产品的竞争力和市场吸引力，用消费者的需求来带动赚钱效应。

第四节　通过商业模式创新取得竞争优势

商业机会有时并不出现在外部，而是通过企业内部的模式创新来带动的。尤其是传统行业，市场总量有限、布局已定，想依照原本的经营路径找到赚钱机会非常难。这时不妨从内部创新出发，改变品牌定位、经营方式、客服服务模式等，以让人眼前一亮的新面貌迎接消费者，可能更容易驱动赚钱效应。

第七章 识别商业机会，把握赚钱风口

> 小旭准备在自己的城市开一家具有当地特色的茶饮店，但市场上已经有太多类似的店了，如何在众多竞争者中脱颖而出成为他的首要难题。
>
> 他的第一步是引入会员制服务。小旭设计了一款"茶友会员卡"，一年的费用是99元，会员可以享受每月两次的免费新品试饮、生日特权饮品和每周的专属折扣，仅仅半年的新品试饮就可以让顾客回本，吸引了不少人充值。小旭跟朋友讨论时表示："会员制不仅能增加客户黏性，还能带来稳定的现金流。"
>
> 为了让品牌更具吸引力，小旭开始挖掘茶文化背后的故事。他在店内设立了一个小角落，展示各种茶叶的历史和制作工艺，并在社交媒体上定期分享这些故事。"每一杯茶都有它的故事，"小旭对顾客说，"希望你们能在品茶的过程中，感受到这些故事带来的独特魅力。"
>
> 小旭致力于打造自己的品牌，让当地消费者都能接纳和喜爱。所以，除了宣传茶文化和故事，小旭还与附近的一家知名书店合作，推出了"书香茶韵"联名活动。顾客在书店购买书籍时，可以获得一张小旭茶饮店的优惠券，反之亦然。此外，两家店铺还共同举办了几场"品茶读书会"，吸引了大量文艺青年。这种跨界合作，不仅互相引流，还提升了品牌形象。
>
> 通过这些创新举措，小旭的茶饮店迅速在市场上站稳了脚跟，顾客络绎不绝，品牌知名度也大幅提升。

商业模式创新是取得竞争优势的有效途径，通过会员制服务、品牌故事和联名合作，小旭不仅提升了顾客的忠诚度，还开拓了新的市场。接下来，我们将从几个关键角度详细探讨如何进行商业模式创新。

1. 以提升客户价值为创新导向

客户价值可以从两方面去理解：一方面是从客户角度看，在购买和使用产品时所获得的总利益与客户为此付出的总成本之间的差额,"物美价廉"就是典型的客户价值高的表现;另一方面是从企业角度看,客户的消费行为能给企业带来多少利益,这反映了客户对企业的重要性。提升客户价值,就是要从客户、企业两方面提高。

产品质量是提升客户价值的基础,无论是原材料的选择、生产工艺的控制,还是产品的最终检测,都需要企业严格把关,确保产品的高质量。同时,企业还要提供优质的售前、售中和售后服务,比如快速响应客户咨询、提供详细的产品介绍和使用指南、及时解决售后问题等。

在这个基础上,通过"会员制"可以提升客户价值。比如,对客户来说,会员制可以提供专属折扣、免费试饮、生日特权等增值服务,客户会更愿意为了这些优惠长期消费,这就增加了客户对品牌的黏性;对企业来说,"会员制"可以快速吸纳资金,保障企业的现金流稳定,同时注册会员的客户都是有稳定消费习惯的长期优质客户,也会给企业带来好处。所以,建设"会员制"服务模式,可以实现全面的客户价值提升。

同时,我们还可以给客户提供附加服务,如免费配送、延长保修期、上门安装等,这对提升客户的整体体验,也能起到非常有效的作用。

2. 对收入模式进行创新

我们在经营企业时,收入模式也决定了赚钱的能力,通过改变收入模式,可以有效地提高客单价和销售额,在同样的产品基础上吸引客户提高消费。

比如,交叉销售和捆绑销售就是提高客单价的有效策略。企业可以将相关产品或服务捆绑在一起,以优惠价格销售,消费者往往会觉得很值得,这样虽然单个产品的价格降低了,但整单的消费额度提高了。例如,茶饮店可以推出"茶饮+茶点"的套餐,吸引顾客购买更多产品,增加盈利。

3. 做好成本结构优化

减少成本就是增加盈利的空间，所以，我们可以在商业模式的创新中关注成本控制这方面，做好成本结构优化，削减不必要的开支。

> 小区楼下有一家饭店原本不做早餐，平时都是10点左右开门。一段时间后，饭店跟一家早点摊合作，允许对方在9:30之前租用自己的店面售卖早餐，也可以让食客在大堂吃饭，只要早点摊在歇业后打扫干净就行。这样，饭店和早点摊共享了店面空间，让早点摊承担了一部分租金，降低了自己的经营成本和压力。

所以，共享的模式可以成为成本结构优化的思路，不仅是店铺空间可以共享，使用频率不高的设备、材料、人工等，都可以通过共享模式来降低成本。

另一方面，将非核心业务外包给专业公司，也可以帮助企业专注于核心竞争力的提升。例如，餐饮店可以将外卖业务外包，出版公司可以将书稿校对等业务外包，将精力放在更重要的工作上。

4. 通过深度合作打造商业生态

与其他品牌或企业合作，可以共同开发新产品或服务，拓展市场。在案例中，小旭的茶饮店可以与书店、花店等相关商家合作，推出联名活动，吸引更多客户。通过战略合作，企业可以互相引流，提升知名度。

选择深度合作打造商业生态的合作伙伴时，我们应该考虑与自己业务有互补优势的企业，这些企业能够在资源、技术、市场或客户群体上为我们提供支持，同时没有直接竞争关系。这样的选择可以确保双方在合作中实现资源共享、优势互补，共同提升市场竞争力，而不会因为利益冲突导致合作破裂。这种协同效应有助于共同构建一个稳定、可持续发展的商业

[赚钱时机]

生态系统。

通过商业模式创新，我们可以在激烈的市场竞争中取得优势，打通赚钱渠道，为自己创造突围的时机。

第五节 跨界融合，孵化新的商业机会

跨界融合作为一种创新的商业策略，正成为众多企业开拓市场、创造新机会的利器。通过将两个传统领域结合在一起，企业不仅可以开发出新的细分领域，还能借此打开新的市场，创造更多的盈利点。

跨界融合能够带来诸多好处。首先，它能够实现资源的互补，如果是立足本行业，通过合作的形式进行跨界融合，就可以利用彼此的优势共同开发新产品或服务。其次，跨界融合有助于品牌影响力的提升，可以扩大受众范围，增强市场认知度。此外，跨界合作还能激发创新，通过不同领域的碰撞，往往能够产生意想不到的创意和商业模式。

优衣库作为全球知名的快消服装品牌，一直以其高性价比和时尚设计著称。村上隆是当代艺术界的巨星，以其独特的艺术风格和作品闻名于世。两者本来并没有什么联系，但通过优衣库旗下T恤的跨界合作，双方的商业价值都得到了提升。

优衣库希望在其UT（UNIQLO T-shirts）系列中注入更多的艺术元素，以吸引年轻消费者。于是，他们找到了村上隆，想通过村上隆的艺术设计赋予UT系列更多的文化内涵和艺术价值。村上隆欣然接受了这个邀请，他将自己的经典设计形象"太阳花"

> 融入优衣库的T恤设计中，这些充满活力和色彩的设计，立刻吸引了大批年轻消费者的目光，UT系列也因此焕发了新的生机。
>
> 这次跨界合作不仅让优衣库成功吸引了更多的年轻消费者，也让村上隆的艺术作品走进了大众的日常生活，扩大了他的影响力，实现了品牌的双赢。

通过优衣库与村上隆的合作，我们可以看到跨界合作的巨大潜力。然而要想成功实现跨界合作，企业需要注意一些关键点。

1. 品牌调性匹配

跨界合作的双方品牌调性必须匹配，才能确保合作的产品或服务能够被目标消费者接受。如果品牌调性不符，可能会出现"咖啡配大蒜"的组合，两者明明都有广阔的市场，但搭配在一起就很奇怪，容易导致消费者的认知混乱，影响合作效果。

2. 产品定位准确

跨界合作的产品或服务必须有明确的市场定位，能够满足特定消费者的需求，同时也能够在市场中找到自己的位置。

3. 资源具有互补性

跨界合作的双方必须在资源上具有互补性，才能实现优势互补和合作效益的最大化。如果双方资源重叠过多，可能会导致资源浪费，影响合作效果。

在综合考虑这三点后，我们就可以考虑进行跨界融合。跨界合作毕竟是一条打破传统的新路线，一定要有步骤、有方法、有思路地进行，不能

> 赚钱时机

凭借一时新奇就开发产品。每个成功的跨界产品，背后都应该有详细的市场调研和推广支撑，我们一定要建立这种意识。

1. 根据目标确定合作领域

要清楚合作的目的是什么，是为了开拓新市场、提升品牌影响力，还是为了开发新产品或服务。如果是为了提升影响力，可以"求新出奇"，越是让人意想不到的跨界联名，就越容易引起周围的关注，不管是大企业还是小商铺都适用这个道理。

> 连锁品牌瑞幸咖啡曾经跟高端白酒企业贵州茅台合作，推出了"贵州茅台咖啡"，宣传咖啡饮品里面含有一定量的茅台，这瞬间就引爆了社交媒体。茅台配咖啡，这种搭配谁听说过？仅仅是因为好奇，也能引起不少人围观。彼时年轻人几乎人手一杯茅台咖啡，花两位数体验贵州茅台的感觉，成为一时的潮流。显而易见，这款"茅台咖啡"更像是两家企业为了进一步提升知名度和影响力进行的一次宣传产物，而不是能支撑瑞幸咖啡长期销量和口碑的产品，它在联名期过后也很快下架了。所以说，越是让人觉得意想不到的两个领域，推出联名就越能吸引人。

如果是为了开发新产品或服务，跨界时要更注重产品的匹配和技术上的合作，能真正实现产业上的互补。不同目的下选择的合作伙伴是不一样的，我们要在目标确定后，再选择合适的领域进行合作。

2. 根据互补优势确认合作伙伴

我们需要寻找在目标领域有优势的合作伙伴，这些伙伴在资源、技术、市场或客户群体上能够为我们提供互补支持。同时，我们还要确保合作伙伴与自身业务没有直接竞争关系，以避免利益冲突。比如，很多联名合作乍一看似乎毫无关联，但仔细分析后，能发现其客户群体特征有相当大的重合，这就是一个非常重要的支持点——虽然A、B产品之间并没有存在直接联系，但对A产品感兴趣的人，也可能会对B产品感兴趣，反之亦然。这样进行联名合作，不仅能带动客户产生购买兴趣，促进销量提升，也能借助彼此的影响力进行宣传，从对方的产品受众中吸纳新的客户，起到了销售、宣传、精准获客的多个作用。

> 奶茶和游戏，两个看似毫无关联的产品却成为近些年来的联名热点。不管是古茗奶茶与手游《恋与深空》的联名，还是喜茶与手游《光与夜之恋》的联名，上线后都引来了大量消费者的追捧。一般来说，奶茶品牌往往会推出大量周边产品，包括根据游戏定制设计的奶茶杯，套餐赠送的镭射票、贴纸、徽章等周边，以及定制的限量赠品等。有的奶茶品牌还会在某些城市开展快闪活动，吸引大家线下打卡拍照，以进一步扩大联名活动的影响力。
>
> 古茗的游戏联名活动当天，其小红书平台的粉丝数量就增加了近4000人，同时联名产品一直保持售罄状态；喜茶的联名活动上线后，部分门店一开业，线上订单排队就超过了数百人，饮品的等待时间更是在10小时以上。虽然跨界联名的活动早就成了茶饮品牌的常见操作，但是跟手游联名，尤其是恋爱性质的手游，还是引起了超乎想象的市场热情。正是因为游戏的受众广、粉丝黏性高、与茶饮品牌的用户画像重叠度大，让跨界合作大获成功。

所以，根据互补的优势去寻找合适的合作伙伴，一定会影响跨界合作的效果。如果能找到像"奶茶+手游"这样的绝佳组合，就能引起市场的热情反馈。

3. 积极调研、试点和验证

在确定合作伙伴后，企业要进行深入的市场调研，明确合作产品或服务的定位，确保能够满足市场需求。跨界融合产品往往面向更窄的细分市场，我们可以有针对性地了解目标细分行业的市场需求、竞争格局和发展趋势，从细节中找出市场空白点和潜在机会。

然后，在小范围内进行试点，在控制合作成本的前提下验证商业模式的可行性和市场反应。"小范围"的定义可以是部分市场或特定客户群体，通过少量提供产品、收集客户反馈、优化产品或服务等步骤，进行小成本的产品验证和迭代，直到多次改进后确保产品能满足市场需求，再正式推广。

跨界合作产品的开发，一定要遵循以上几个步骤要点，不要把步子迈得太大。只有一步步谨慎推行，才能弄清跨界合作背后的逻辑和思路，明白什么样的合作才能产生好的市场反馈。